초등 상위권으로 가는
국어 독해 기술

백점백승 유형 독해

5 단계 5·6학년 권장

| 이 책을 쓰신 분들 |

김수경 미원초등학교 금관분교장

김은성 서울교육대학교부설초등학교

엄수연 솔터초등학교

유초록 서울삼광초등학교

전영신 화산초등학교

최미헌 서울치현초등학교

최세현 초등국어 전문 기획자

초등 **상위권**으로 가는
국어 독해 기술

백점백승 유형 독해 5단계

초판 3쇄	2025년 11월 12일
초판 1쇄	2025년 1월 2일
펴낸곳	메가스터디㈜
펴낸이	손은진
개발 책임	김문주
개발	양수진, 최란경, 최성아, 표민지
디자인	수박나무
마케팅	엄재욱, 김상민
제작	이성재, 장병미
주소	서울시 서초구 효령로 304(서초동) 국제전자센터 24층
대표전화	1661-5431 (내용 문의 02-6984-6928,30,31 / 구입 문의 02-6984-6868,9)
홈페이지	http://www.megastudybooks.com
출판사 신고 번호	제 2015-000159호
출간제안/원고투고	메가스터디북스 홈페이지 〈투고 문의〉에 등록

메가스터디BOOKS

'메가스터디북스'는 메가스터디㈜의 교육, 학습 전문 출판 브랜드입니다.

초중고 참고서는 물론, 어린이/청소년 교양서, 성인 학습서까지 다양한 도서를 출간하고 있습니다.

• **제품명** 백점백승 유형 독해 5단계
• **제조자명** 메가스터디㈜ • **제조년월** 판권에 별도 표기 • **제조국명** 대한민국 • **사용연령** 3세 이상
• **주소 및 전화번호** 서울시 서초구 효령로 304(서초동) 국제전자센터 24층 / 1661-5431

백점백승 유형 독해가 다른 이유

❶ 추론·비판·창의 유형으로 꽉 잡는 초등 독해

독해력은 모든 학습 능력의 기초입니다. 독해력이 뛰어난 학생은 단순히 겉에 드러난 내용을 이해하는 것에서 나아가 지문과 문제 속에 드러나지 않은 핵심까지 추론하고, 비판적으로 분석하고, 응용 문제를 창의적으로 해결합니다. 독해력을 키우려면 사실 독해를 바탕으로 추론·비판·창의 독해까지 체계적으로 학습해야 합니다. <백점백승 유형 독해>에서는 고차원 독해 능력을 키우기 위하여 추론·비판·창의 독해 전략을 집중적으로 훈련합니다.

❷ 자주 틀리는 핵심 유형 중심으로 빈틈없는 마무리

무작정 독해 문제집을 많이 푼다고 독해력이 키워지지 않습니다. 아이들이 어려워하는 문제 유형은 정해져 있습니다. <백점백승 유형 독해>는 [유형 학습]-[유형 연습]-[유형 실전]의 3단계로 구성되어 있습니다. [유형 학습]에서 약 56개의 지문으로 문제 유형을 익히고, [유형 연습]에서 학습한 내용을 문제 풀이에 적용합니다. [유형 실전]에서는 내용 구조화, 사실·추론·비판·창의 독해, 어휘·어법 학습으로 독해 실력을 강화합니다.

❸ 상위권 도약을 위한 최상위 문제 수록

<백점백승 유형 독해>는 초등 상위권으로 이끄는 강력한 국어 독해 기술 훈련서입니다. 다양한 영역의 비문학·문학 지문으로 [사실 독해]→[추론 독해]→[비판 독해]→[창의 독해]의 완전 독해에 도전합니다. 진정한 상위권이 되기 위한 필수 독해 코스를 따라 최상위 수준의 독해 심화 문제까지 정복합니다. 독해가 되는 아이가 다른 과목도 잘합니다. <백점백승 유형 독해>는 모든 아이들을 최고의 독해 실력자로 이끄는 필독서입니다.

<백점백승 유형 독해>의 체계적인 커리큘럼

	3단계	4단계	5단계	6단계
	3~4학년 권장		5~6학년 권장	
유형 01 **추론**	알맞은 낱말 짐작하기	이어 주는 말 짐작하기	낱말의 뜻 짐작하기	반어·역설 표현의 의미 파악하기
유형 02 **추론**	알맞은 문장 짐작하기	뒷받침 문장 짐작하기	글쓴이의 의도 파악하기	비유·상징 표현의 의미 파악하기
유형 03 **추론**	인물의 마음이나 생각 짐작하기	생략된 내용 짐작하기	소재의 의미 파악하기	상황이나 배경 추론하기
유형 04 **추론**	이야기의 분위기 파악하기	인물의 성격 파악하기	인물의 의도 파악하기	인물의 가치관 추론하기
유형 05 **추론+비판**	사실과 의견 구분하기	글쓴이의 의견 평가하기	상반된 관점 분석하기	표현의 적절성 평가하기
유형 06 **추론+비판**	인물의 생각과 행동 평가하기	서로 다른 의견 비교하기	근거의 타당성 평가하기	내용의 타당성 평가하기
유형 07 **추론+창의**	생각과 느낌 표현하기	어울리는 자료 제시하기	구체적인 상황에 적용하기	새로운 상황에 적용하기
유형 08 **추론+창의**	일상생활에 적용하기	글의 내용 재구성하기	다른 갈래로 바꾸기	두 글을 통합적으로 엮어 읽기

백점백승 유형 독해의 구성과 특징

<백점백승 유형 독해>는 [유형 학습], [유형 연습], [유형 실전]의 3단계로 구성되어 있습니다. [유형 학습]에서는 단계별 집중 학습을 통해 추론·비판·창의 독해 능력을 키우는 8가지 핵심 유형을 익힙니다. [유형 연습]에서는 긴 지문을 읽고 문제를 풀면서 학습한 내용을 실제로 적용해 봅니다. [유형 실전]에서는 고난도 문제를 통해 빈틈없는 독해 실력을 완성합니다.

1 유형 학습 — 56개의 지문으로 8가지 핵심 유형 집중 학습

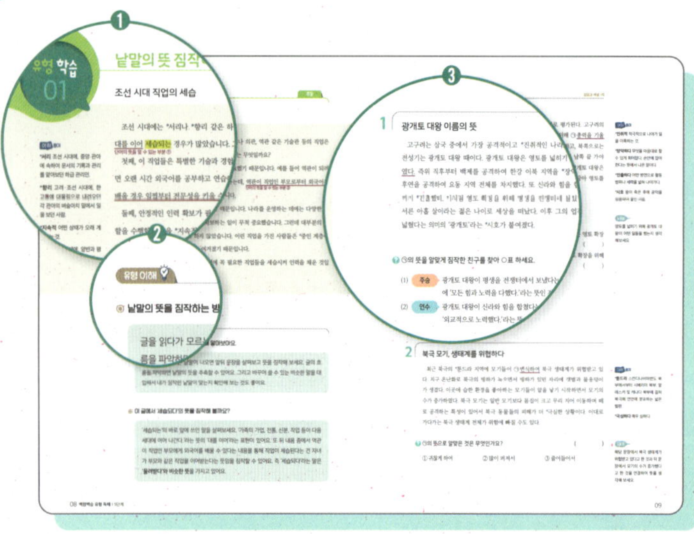

❶ 8가지 핵심 유형

이 책에서 학습할 **8가지 핵심 유형과 예시 지문**을 제시하였습니다.

❷ 유형 이해

예시 지문과 설명을 통해 **핵심 유형의 개념과 특징**을 이해하고, 유형 문제에 접근하는 **방법**을 알려 줍니다.

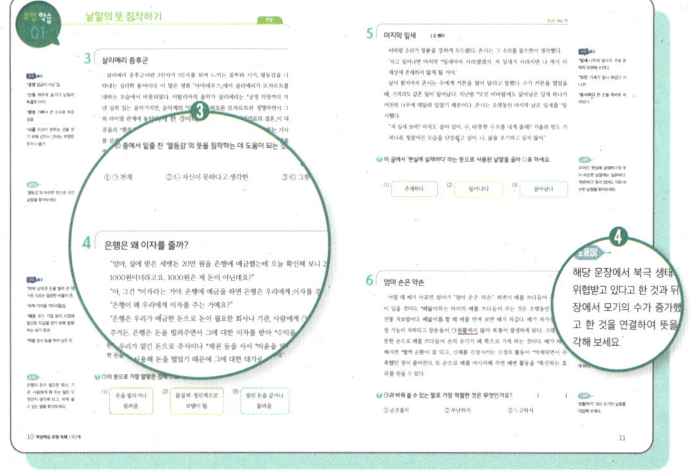

❸ 유형 집중 학습

짧은 지문과 유형 학습 문제를 통해 학습한 유형을 확실하게 익힐 수 있도록 하였습니다.

❹ 도움말

문제마다 **상세한 도움말**을 통해 문제를 해결하는 **방법**을 익힐 수 있습니다.

[유형 연습], [유형 실전] 단계별 지문 선정 기준

3단계	4단계	5단계	6단계
약 800~900자의 지문	약 900~1000자의 지문	약 1000~1100자의 지문	약 1100자~1200자의 지문
인문·사회·과학·예술 영역의 생활문, 설명문, 논설문 등	인문·사회·과학·예술 영역의 생활문, 설명문, 논설문 등	인문·사회·과학·예술 영역의 논설문, 설명문 등	인문·사회·과학·예술 영역의 논설문, 설명문 등
창작 동화, 전래 동화, 명작 동화, 동시 등	창작 동화, 전래 동화, 명작 동화, 동시 등	설화, 고전 소설, 현대 소설, 세계 명작 소설, 현대 시, 수필 등	설화, 고전 소설, 현대 소설, 세계 명작 소설, 현대 시, 수필 등

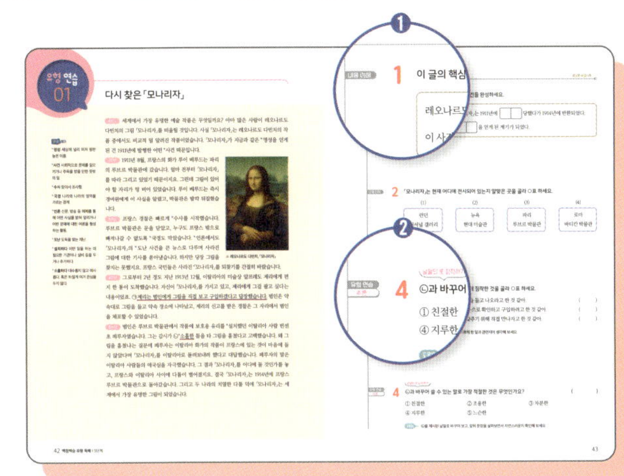

❶ 핵심 내용 정리와 내용 이해

지문을 읽고, **기본적인 내용 이해**를 확인하는 사실 독해 문제로 구성하였습니다.

❷ 단계별 핵심 유형 연습

[유형 학습]에서 배운 8가지 핵심 유형을 연습하고 적용해 봅니다.

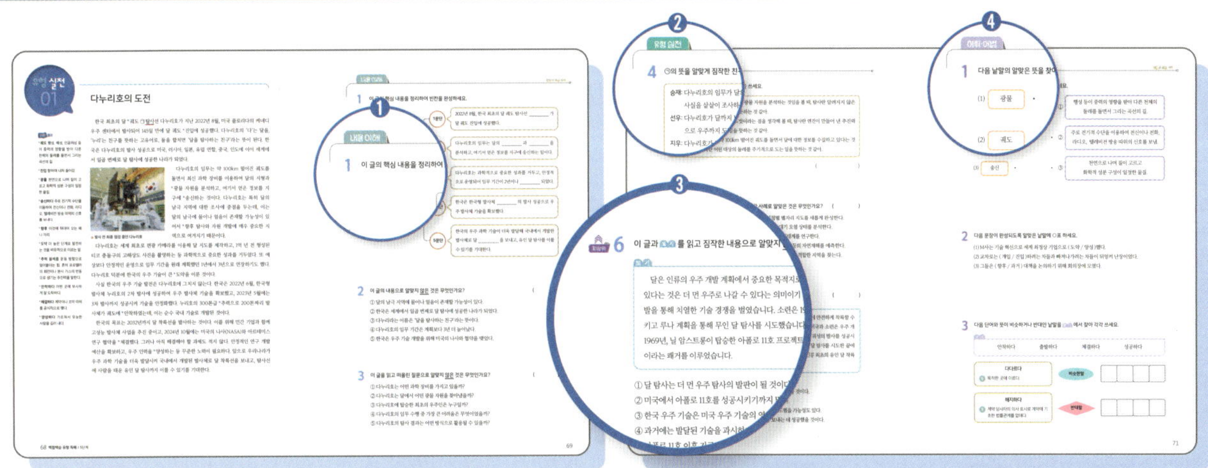

❶ 내용 이해

지문을 읽고, **기본적인 내용 이해**를 확인하는 사실 독해 문제로 구성하였습니다.

❷ 유형 실전

[유형 학습]에서 배운 8가지 핵심 유형을 적용한 실전 문제들로 구성하였습니다.

❸ 최상위

문제 해결력을 높이는 **고난도 문제를 통해 초등 독해 상위권에 도전**합니다.

❹ 어휘·어법

지문 속 어려운 **어휘·어법을 복습**하여 어휘 지식을 확장하도록 구성하였습니다.

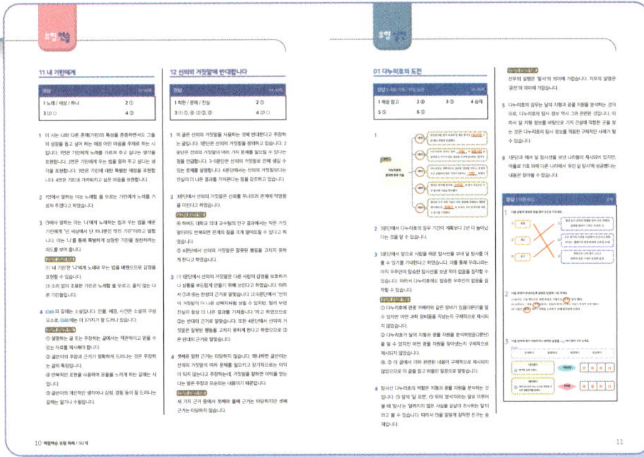

정답과 해설

친절하고 자세한 해설과 오답이 오답인 이유를 담았습니다.

1
유형 학습

낱말의 뜻 짐작하기

조선 시대 직업의 세습

조선 시대에는 *서리나 *향리 같은 하급 관리나 의관, 역관 같은 기술관 등의 직업은 대를 이어 세습되는 경우가 많았습니다. 그 이유는 무엇일까요?

단어의 뜻을 알 수 있는 부분 ①

첫째, 이 직업들은 특별한 기술과 경험이 필요했기 때문입니다. 예를 들어 역관이 되려면 오랜 시간 외국어를 공부하고 연습해야 하는데, 역관이 직업인 부모로부터 외국어를 배울 경우 일찍부터 전문성을 키울 수 있습니다.

단어의 뜻을 알 수 있는 부분 ②

둘째, 안정적인 인력 확보가 필요했기 때문입니다. 나라를 운영하는 데에는 다양한 역할을 수행할 인력을 *지속적으로 확보하는 일이 무척 중요했습니다. 그런데 대부분의 양반들은 이 직업을 갖고 싶어 하지 않았습니다. 이런 직업을 가진 사람들은 *중인 계층에 속해서 양반보다 낮은 신분으로 여겨졌기 때문입니다.

이런 이유로 조선에서는 나라 운영에 꼭 필요한 직업들을 세습시켜 인력을 채운 것입니다.

유형 이해

◎ **낱말의 뜻을 짐작하는 방법에 대해 알아보아요.**

> 글을 읽다가 모르는 낱말이 나오면 앞뒤 문장을 살펴보고 뜻을 짐작해 보세요. 글의 흐름을 파악하면 낱말의 뜻을 추측할 수 있어요. 그리고 바꾸어 쓸 수 있는 비슷한 말을 대입해서 내가 짐작한 낱말이 맞는지 확인해 보는 것도 좋아요.

◎ **이 글에서 '세습되다'의 뜻을 짐작해 볼까요?**

> '세습되는'의 바로 앞에 쓰인 말을 살펴보세요. '가족의 가업, 전통, 신분, 직업 등이 다음 세대에 이어 나간다.'라는 뜻의 '대를 이어'라는 표현이 있어요. 또 뒤 내용 중에서 역관이 직업인 부모에게 외국어를 배울 수 있다는 내용을 통해 직업이 세습된다는 건 자녀가 부모와 같은 직업을 이어받는다는 뜻임을 짐작할 수 있어요. 즉 '세습되다'라는 말은 **'물려받다'와 비슷한 뜻**을 가지고 있어요.

1 광개토 대왕 이름의 뜻

　고구려는 삼국 중에서 가장 공격적이고 *진취적인 나라로 평가된다. 고구려의 전성기는 광개토 대왕 때이다. 광개토 대왕은 영토를 넓히기 위해 ㉠총력을 기울였다. 즉위 직후부터 백제를 공격하여 한강 이북 지역을 *장악하고, 북쪽으로는 후연을 공격하여 요동 지역 전체를 차지했다. 또 신라와 힘을 합쳐 남쪽 끝 가야까지 *진출했다. 이처럼 영토 확장을 위해 평생을 전쟁터에 살았던 광개토 대왕은 서른 아홉 살이라는 젊은 나이로 세상을 떠났다. 이후 그의 업적을 담아 영토를 넓혔다는 의미의 '광개토'라는 *시호가 붙여졌다.

? ㉠의 뜻을 알맞게 짐작한 친구를 찾아 ○표 하세요.

(1) **주승** 　광개토 대왕이 평생을 전쟁터에서 보냈다는 걸 보면, ㉠은 영토 확장에 '모든 힘과 노력을 다했다.'라는 뜻인 것 같아. 　　　（　　　）

(2) **연수** 　광개토 대왕이 신라와 힘을 합쳤다는 걸 보면, ㉠은 영토 확장을 위해 '외교적으로 노력했다.'라는 뜻인 것 같아. 　　　（　　　）

어휘 풀이

***진취적** 적극적으로 나아가 일을 이룩하는 것.

***장악하다** 무엇을 마음대로 할 수 있게 휘어잡다. 손안에 잡아 쥔다는 뜻에서 나온 말이다.

***진출하다** 어떤 방면으로 활동 범위나 세력을 넓혀 나아가다.

***시호** 왕이 죽은 후에 공덕을 칭송하여 붙인 이름.

도움말

영토를 넓히기 위해 광개토 대왕이 어떤 일들을 했는지 생각해보세요.

2 북극 모기, 생태계를 위협하다

　최근 북극의 *툰드라 지역에 모기들이 ㉠번식하여 북극 생태계가 위협받고 있다. 지구 온난화로 북극의 빙하가 녹으면서 빙하가 있던 자리에 갯벌과 물웅덩이가 생겼다. 이곳에 습한 환경을 좋아하는 모기들이 알을 낳기 시작하면서 모기의 수가 증가하였다. 북극 모기는 일반 모기보다 몸집이 크고 무리 지어 이동하며 때로 공격하는 특성이 있어서 북극 동물들의 피해가 더 *극심한 상황이다. 이대로 가다가는 북극 생태계 전체가 위험에 빠질 수도 있다.

? ㉠의 뜻으로 알맞은 것은 무엇인가요? 　　　（　　　）

① 귀찮게 하여　　　　② 많이 퍼져서　　　　③ 줄어들어서

어휘 풀이

***툰드라** 스칸디나비아반도 북부에서부터 시베리아 북부, 알래스카 및 캐나다 북부에 걸쳐 북극해 연안에 분포하는 넓은 벌판.

***극심하다** 매우 심하다.

도움말

해당 문장에서 북극 생태계가 위협받고 있다고 한 것과 뒤 문장에서 모기의 수가 증가했다고 한 것을 연결하여 뜻을 생각해 보세요.

낱말의 뜻 짐작하기

3 살리에리 증후군

*궁정 임금이 사는 집.

*신동 재주와 슬기가 남달리 특출한 아이.

*환호 기뻐서 큰 소리로 부르짖음.

*뇌물 자신이 원하는 것을 얻기 위해 넌지시 건네는 부정한 돈이나 물건.

살리에리 증후군이란 2인자가 1인자를 보며 느끼는 질투와 시기, 열등감을 나타내는 심리학 용어이다. 이 말은 영화 「아마데우스」에서 살리에리가 모차르트를 대하는 모습에서 비롯되었다. 이탈리아의 음악가 살리에리는 *궁정 악장까지 지낸 실력 있는 음악가지만, 음악계의 *신동으로 떠오른 모차르트와 경쟁하면서 그와 라이벌 관계에 놓인다. 영화에서 살리에리는 모차르트의 「피가로의 결혼」이 대중들의 *환호를 받자, 신문 기자들에게 *뇌물을 주어 모차르트를 비난하는 기사를 싣게 했다. 또 모차르트와 공연하는 가수에게도 돈을 주어 모차르트의 공연을 방해했다. ㉠천재 모차르트보다 ㉡자신이 못하다고 생각한 살리에리의 열등감이 ㉢그릇된 판단을 하게 한 것이다.

'열등감'과 비슷한 뜻으로 쓰인 낱말을 찾아보세요.

❓ ㉠~㉢ 중에서 밑줄 친 '열등감'의 뜻을 짐작하는 데 도움이 되는 것은 무엇인가요?

(   )

① ㉠ 천재   ② ㉡ 자신이 못하다고 생각한   ③ ㉢ 그릇된 판단

4 은행은 왜 이자를 줄까?

*이자 남에게 돈을 빌려 쓴 대가로 치르는 일정한 비율의 돈.

*수익 이익을 거두어들임.

*채권 국가, 기업 등이 사업에 필요한 자금을 얻기 위해 발행하는 유가 증권.

*이윤 장사 등을 하여 남은 돈.

"엄마, 설에 받은 세뱃돈 20만 원을 은행에 예금했는데 오늘 확인해 보니 20만 1000원이더라고요. 1000원은 제 돈이 아닌데요?"

"아, 그건 *이자라는 거야. 은행에 예금을 하면 은행은 우리에게 이자를 주지."

"은행이 왜 우리에게 이자를 주는 거예요?"

"은행은 우리가 예금한 돈으로 돈이 필요한 회사나 기관, 사람에게 ㉠대출을 해 주거든. 은행은 돈을 빌려주면서 그에 대한 이자를 받아 *수익을 얻지. 또 은행은 우리가 맡긴 돈으로 주식이나 *채권 등을 사서 *이윤을 만들어. 우리가 예금한 돈을 사용해 돈을 벌었기 때문에 그에 대한 대가로 이자를 지급하는 거야."

은행이 돈이 필요한 회사, 기관, 사람에게 해 주는 일은 무엇인지 생각해 보고, 바꿔 쓸 수 있는 말을 찾아보세요.

❓ ㉠의 뜻으로 가장 알맞은 것에 ○표 하세요.

(1) 돈을 빌리거나 빌려줌.

(2) 물질적·정신적으로 보탬이 됨.

(3) 빌린 돈을 갚거나 돌려줌.

5 마지막 잎새 　ㅣ오 헨리

비바람 소리가 창문을 강하게 두드렸다. 존시는 그 소리를 들으면서 생각했다.

'자고 일어나면 마지막 *잎새마저 사라졌겠지. 저 잎새가 사라지면 나 역시 이 세상에 존재하지 않게 될 거야.'

날이 밝자마자 존시는 수에게 커튼을 열어 달라고 말했다. 수가 커튼을 열었을 때, 기적과도 같은 일이 일어났다. 지난밤 *모진 비바람에도 살아남은 잎새 하나가 여전히 나무에 매달려 있었기 때문이다. 존시는 오랫동안 마지막 남은 잎새를 *응시했다.

"저 잎새 보여? 아직도 살아 있어. 수, 따뜻한 수프를 내게 줄래? 거울과 빗도 가져다줘. 헝클어진 모습을 단장하고 싶어. 나, 삶을 포기하고 싶지 않아."

❓ 이 글에서 '현실에 실재하다'라는 뜻으로 사용된 낱말을 골라 ○표 하세요.

(1) 존재하다　　(2) 일어나다　　(3) 살아남다

여휘 풀이

*잎새 나무의 잎사귀. 주로 문학적 표현에 쓰인다.

*모진 기세가 몹시 매섭고 사나운.

*응시하다 한 곳을 똑바로 바라보다.

도움말

주어진 '현실에 실재하다'와 뜻이 비슷한 낱말에는 '실존하다', '현존하다' 등이 있어요. 이와 비슷한 낱말을 찾아보세요.

6 엄마 손은 약손

어릴 때 배가 아프면 엄마가 "엄마 손은 약손." 하면서 배를 쓰다듬어 준 경험이 있을 것이다. *배앓이하는 아이의 배를 쓰다듬어 주는 것은 오랫동안 이어진 전통 치료법이다. 배앓이를 할 때 배를 만져 보면 배가 차갑다. 배가 차가우면 위장 기능이 저하되고 장운동이 ㉠원활하지 않아 복통이 발생하게 된다. 그래서 따뜻한 손으로 배를 쓰다듬어 손의 온기가 배 쪽으로 가게 하는 것이다. 배가 따뜻해지면 *혈액 순환이 잘 되고, 신체를 긴장시키는 신경의 활동이 *억제되면서 수축했던 장이 풀어진다. 또 손으로 배를 마사지해 주면 배변 활동을 *촉진하는 효과를 얻을 수 있다.

여휘 풀이

*배앓이하다 배에 탈이 나서 아픔을 느끼다.

*혈액 순환 체내에서 피가 되풀이하여 도는 과정.

*억제되다 감정, 욕망, 충동적인 행동을 눌러 그치게 되다.

*촉진하다 다그쳐 빨리 나아가게 하다.

❓ ㉠과 바꿔 쓸 수 있는 말로 가장 적절한 것은 무엇인가요?　　　(　　)

① 순조롭지　　　② 무난하지　　　③ 느긋하지

도움말

'원활하지' 대신 보기의 낱말을 대입해 보세요.

글쓴이의 의도 파악하기

추론

노키즈존, 꼭 필요할까?

어휘 풀이

*소란스럽다 시끄럽고 어수선
하다.

*모호하다 말이나 태도가 흐리
터분하여 분명하지 않다.

*제도적 사회생활에 필요한 일
정한 방식이나 기준 따위를 법
률이나 제도로 규정하는 것.

*권한 어떤 사람의 권력이 미
치는 범위.

카페나 음식점에서 어린이와 관련된 사고가 많아지면서 유명 관광지를 중심으로 노키
존(No Kids Zone)이 늘고 있다. 노키즈존이란 어린이의 출입을 금지하는 곳을 말한
다. 어린이들의 *소란스러운 행동은 다른 손님들에게 피해를 줄 수 있고, 어린이 관련 사
고 발생 시 책임을 누가 져야 하는지도 *모호하다. 이러한 갈등을 방지하기 위해 노키즈
존이 생긴 것이다. 하지만 어린이의 입장을 제한하는 것은 분명한 차별이고, 출산이나 육
아에 부정적인 영향을 줄 수 있기 때문에 노키즈존을 *제도적으로 금지하자는 견해도 있
다. 물론 노키즈존을 설정하는 것은 가게를 운영하는 사장의 *권한이다. 하지만 어린이가
사회의 구성원으로 성장하기 위해서는 사회 규범을 배
우고, 사회에 적응하는 과정이 필요하다. 따라서 노키즈
존을 설정하여 어린이들을 통제하기보다는 어린이가 여
러 장소에서 예절을 배우면서 성장할 수 있도록 배려하
는 문화가 필요하다. 어린이에게도 사회적 예절을 배울
기회를 주는 것이 성숙한 어른의 자세일 것이다.

(글에 나타난 문제 상황이에요.)

(문제 상황에 대한 글쓴이의 생각이 드러난 부분이에요.)

▲ 노키즈존 때문에 상처받은 아이

유형 이해

◉ **글쓴이의 의도를 파악하는 방법에 대해 알아보아요.**

> 글에는 글쓴이의 의도가 담겨 있어요. '의도'는 글쓴이가 하고자 하는 생각이나 계획을
> 뜻해요. 글쓴이는 글의 제목이나 중심 문장을 통해 문제 상황에 대한 자신의 생각을 드
> 러내요. 문학 작품의 경우, 글쓴이의 의도는 인물의 말과 행동을 통해 드러나기도 해요.

◉ **이 글에서 글쓴이의 의도를 파악할 수 있는 문장을 찾아볼까요?**

> 이 글에는 노키즈존에 대한 글쓴이의 생각이 담겨 있어요. 글의 중심 문장을 볼 때, 노키
> 즈존을 두어 어린이들의 행동을 통제하기보다는 **어린이들에게 사회적 예절을 배울 기
> 회를 주자**고 주장하는 것이 글쓴이가 이 글을 쓴 의도임을 알 수 있어요.

1 문해력 실태 조사

최근 '학생 문해력 *실태 조사'에 참여한 교사 10명 중 9명이 "과거와 비교하면 학생들의 문해력이 *저하되었다."라고 답했다. 심심한 사과(진심을 담은 사과)는 '사과가 재미없다.'라는 뜻으로, 사흘(삼일)은 4일로, 금일(오늘)은 금요일이라고 생각하는 학생들도 많다.

학생들의 문해력이 저하된 원인은 스마트폰이나 태블릿 컴퓨터 등의 디지털 기기 사용과 연관이 있다. 어릴 때부터 디지털 기기의 영상에 익숙해지면서 독서와 멀어지고, *사고력이 떨어졌기 때문이다.

❓ 이 글에 나타난 문제 상황은 무엇인가요? ( )

① 학생들의 문해력이 저하됐다.
② 학생들이 고유어를 파괴하고 있다.
③ 학생들의 디지털 기기 사용이 증가하고 있다.

어휘 풀이

*실태 있는 그대로의 상태.

*저하되다 정도, 수준, 능률 등이 떨어져 낮아지다.

*사고력 생각하고 궁리하는 힘.

도움말

'학생 문해력 실태 조사'를 통해 나타난 결과가 무엇인지 찾아보세요.

2 남승룡을 아나요?

1936년 베를린 올림픽 마라톤 경기에서 금메달을 딴 손기정 선수를 모르는 사람은 없을 거예요. 하지만 같은 경기에서 동메달을 딴 선수가 우리나라의 남승룡 선수라는 사실을 아는 사람은 드물어요.

일제는 손기정과 남승룡을 경기에서 *사퇴시키고 자기 나라 선수 2명을 출전시키기 위해 갖은 수단을 동원하였지만, 이 두 선수를 실력으로 이기기에는 *역부족이었어요. 손기정의 금메달에 가려졌지만, 남승룡의 동메달은 마지막에 무려 30여 명을 추월하여 얻은 것이에요. 두 선수의 메달 획득 소식은 일제의 식민 통치 아래 억압받으며 살아가던 조선인들의 *울분을 달래 주었어요.

메달의 색은 다르지만 어려운 상황 속에서 나라 잃은 슬픔을 안고, 꿈을 향해 끝까지 최선을 다해 달린 두 선수 모두 우리 가슴 속 영원한 1등이에요.

❓ 이 글에 나타난 글쓴이의 생각을 알맞게 말한 친구에게 ○표 하세요.

(1) **민영** 손기정보다 남승룡이 더 뛰어난 선수라고 말하고 있어. ( )

(2) **연수** 꿈을 향해 끝까지 달린 두 선수 모두 훌륭하다고 말하고 있어.

( )

어휘 풀이

*사퇴시키다 그만두고 물러나게 하다.

*역부족 힘이나 기량 따위가 모자람.

*울분 답답하고 분함. 또는 그런 마음.

도움말

중심 문장은 대개 글의 처음이나 끝에 있는 경우가 많아요.

글쓴이의 의도 파악하기

3 | 층간 소음 분쟁을 줄이기 위한 노력

어휘 풀이

*분쟁 갈라져 다툼.

*민원 주민이 행정 기관에 원하는 바를 요구하는 일.

*규정되다 규칙으로 정해지다.

*음향 물체에서 나는 소리와 그 울림.

*전파되다 전해져서 널리 퍼뜨려지다.

*작동하다 기계가 작용을 받아 움직이다.

　㉠공동 주택인 아파트에서 생활하는 사람들이 늘면서 이웃 간 층간 소음 *분쟁 *민원도 매년 증가하고 있다. 현재 ㉡법으로 *규정된 층간 소음의 범위는 직접 충격 소음과 공기 전달 소음으로 나뉜다. 직접 충격 소음은 뛰거나 걷는 동작으로 충격이 가해져서 발생하는 소음이고, 공기 전달 소음은 텔레비전이나 *음향 기기의 소리가 공기로 *전파되어서 발생하는 소음이다.

　㉢공동 주택에서 거주하는 사람들은 층간 소음 범위를 이해하고, 층간 소음 발생을 최소화해야 한다. 직접 충격 소음을 줄이기 위해서는 소음 방지 매트를 깔거나 슬리퍼를 신는 노력을 해야 한다. 공기 전달 소음을 줄이기 위해서는 텔레비전이나 음향 기기를 사용할 때, 이웃에 피해가 가지 않을 범위 내에서만 기계를 *작동해야 한다.

도움말

층간 소음이라는 문제 상황에 대한 글쓴이의 생각을 찾아보세요.

❓ ㉠~㉢ 중에서 이 글을 쓴 글쓴이의 의도가 가장 잘 드러난 문장을 고르세요. (　　　)

① ㉠　　　　　　　② ㉡　　　　　　　③ ㉢

4 | 노인을 배려하는 키오스크를 개발해야

어휘 풀이

*해소하다 어려운 일이나 문제가 되는 상태를 없애 버리다.

*편의 형편이나 조건이 편하고 좋음.

　은행, 식당, 쇼핑몰 등 다양한 장소에서 무인 정보 단말기, 즉 키오스크(kiosk)를 볼 수 있다. 키오스크는 어린이부터 성인까지 손쉽게 사용할 수 있는 기계이지만 이를 사용할 때 특히 어려움을 겪는 연령층이 있다. 바로 노인층이다.

　키오스크 화면은 스마트폰 화면과 비슷하다. 하지만 스마트폰에 익숙하지 않은 노인층은 키오스크 화면의 기능을 제대로 파악하지 못해 이용을 꺼리는 경우가 많다. 이러한 노인층의 불편을 *해소하기 위해서는 키오스크를 개발할 때부터 음성 지원 서비스, 큰 글씨 제공, 쉬운 화면 구성 등 노인층에 맞춤한 여러 가지 *편의 기능을 고려해야 한다.

도움말

이 글의 중심 문장을 찾고, 그 글에 어떤 내용이 담겨 있는지 자세히 살펴보세요.

❓ 글쓴이의 의도에 맞게 알맞은 낱말을 골라 ○표 하세요.

> 노인층의 키오스크 사용을 돕기 위해 키오스크를 (개발 / 운영)할 때부터 여러 가지 (자동화 / 편의) 기능을 고려해야 한다.

5 세종 대왕의 인재 등용 원칙

세종 대왕이 조선 시대 문화의 황금기를 열 수 있었던 까닭은 무엇일까요? 가장 큰 이유는 세종 대왕의 인재 *등용 원칙에서 찾을 수 있습니다. 세종 대왕은 인재의 중요성을 강조하며 능력에 맞는 인재를 *적재적소에 배치했습니다. 황희가 그 대표적인 예인데요. 황희는 태종이 양녕대군을 폐하고 충녕대군(세종)을 세자로 책봉하는 것에 반대하다 *좌천되어 *유배를 떠났습니다. 하지만 세종은 왕으로 즉위한 뒤 황희를 불러들여 국정을 *총괄하게 하였습니다. 이를 통해 세종은 인재를 등용할 때 실력을 최우선했음을 알 수 있습니다. 사사로운 감정이나 이해관계가 아닌, 오로지 실력만으로 인재를 배치했던 세종 대왕의 인재 등용 원칙은 오늘날 우리에게 많은 것을 생각하게 합니다.

어휘 풀이

*등용 인재를 뽑아서 씀.

*적재적소 알맞은 인재를 알맞은 자리에 씀.

*좌천되다 낮은 관직이나 지위로 떨어지다.

*유배 죄인을 귀양 보내는 일.

*총괄하다 모든 일을 한데 묶어서 통제하거나 지배하다.

❓ 글쓴이의 생각으로 알맞은 것에 ○표 하세요.

(1) 인재를 등용할 때에는 사사로운 감정보다 실력이 중요하다.

(2) 인재를 등용할 때에는 사사로운 감정보다 이해관계가 중요하다.

도움말

세종 대왕이 황희를 불러들인 이유를 생각해 보세요.

6 슬견설

어느 날 한 손님이 내게 이렇게 말을 했다.

"어제저녁 한 남자가 몽둥이를 들고 개를 치는데 보기에 너무나 *참혹하였습니다. 그래서 앞으로는 개나 돼지의 고기를 먹지 않기로 결심했습니다."

손님의 말을 듣고 나는 이렇게 말했다.

"저 역시 어떤 사람이 화로 앞에 앉아서 이를 잡아 불에 넣어 태우는 것을 보았습니다. 그 모습을 보고 어찌나 마음이 아프던지 다시는 이를 잡지 않겠다고 다짐했습니다."

이 말을 들은 손님은 화를 버럭 내며 내게 말했다.

"어찌 작은 이를 개와 비교하십니까? 저를 놀리시는 것입니까?"

"*무릇 피와 *기운이 있는 것은 사람이나 소, 말, 돼지, 벌레까지 모두 살기를 원하지 죽기를 원하는 것은 없습니다."

어휘 풀이

*참혹하다 비참하고 끔찍하다.

*무릇 대체로 헤아려 생각하건대.

*기운 생물이 살아 움직이는 힘.

❓ 밑줄 친 말을 통해 알 수 있는 글쓴이의 의도로 알맞은 것에 ○표 하세요.

(1) 작은 생명이 더 소중하다.

(2) 모든 생명은 다 소중하다.

도움말

'나'가 손님의 말을 듣고 이를 잡지 않겠다고 다짐한 이야기를 한 까닭을 생각해 보세요.

소재의 의미 파악하기

목걸이 　ㅣ 기 드 모파상

어휘 풀이

*처지 처하여 있는 사정이나 형편.

*사정 어떤 일의 형편이나 까닭을 남에게 말하고 무엇을 간청함.

*매혹적 남의 마음을 사로잡아 호리는 힘이 있는.

마틸드는 옷과 보석을 좋아했다. 그것들을 통해 사람들의 관심을 받고 아름답게 보이고 싶었다. 하지만 현실은 가난한 월급쟁이의 아내. 초라한 가구, 낡은 옷이 그녀의 *처지를 보여 줄 뿐이었다. 그러던 어느 날 남편이 파티의 초대장을 가지고 왔다. 그녀가 기뻐할 거라는 남편의 기대와는 달리 마틸드는 시무룩한 목소리로 말했다.

　　주인공의 성격을 알 수 있는 부분 ①

"파티에 차고 갈 목걸이가 없는걸요."

"당신 친구인 포레스티에 부인에게 부탁해 봐요."

마틸드는 포레스티에 부인에게 *사정을 이야기했다. 그녀는 기꺼이 그녀의 보석 상자를 꺼내 왔다. 상자를 열자 아름다운 다이아몬드 목걸이가 마틸드의 눈에 들어왔다.

'반짝이고 화려한 목걸이. 나를 아름답게 만들어 줄 목걸이. 이 목걸이라면 나를 *매혹적으로 보이게 할 거야'

　　소재의 특성

"이거 빌려줄 수 있을까?"

"물론이지."

화려한 목걸이를 빌린 마틸드는 기뻐하며 집으로 돌아갔다.

　　주인공의 성격을 알 수 있는 부분 ②

유형 이해

◉ 소재의 의미를 파악하는 방법에 대해 알아보아요.

문학 작품 속에는 특별한 의미를 담은 소재가 나와요. 작가는 자기 생각과 작품의 의미를 효과적으로 전달하기 위해 다양한 소재를 사용해요. 소재의 의미를 파악하기 위해서는 소재의 특성을 살펴보고, 그것이 등장인물이나 사건과 어떻게 연관되는지 생각해 보면 돼요.

◉ 이 글에서 밑줄 친 '목걸이'의 의미를 파악해 볼까요?

목걸이는 화려하고 아름다운 장신구예요. 주인공 마틸드는 화려한 것을 좋아하고, 다른 사람에게 보이는 모습을 중요하게 생각해요. 주인공과 소재인 '목걸이'의 연관성을 생각해 보면 화려한 목걸이는 **주인공의 욕심, 허영심을 나타내는 소재**임을 알 수 있어요.

1 운수 좋은 날 | 현진건

*인력거꾼 김 첨지는 오늘 꽤 *운수가 좋았다. 오늘따라 손님도 많았고, 손님들이 주는 *삯도 넉넉했다. 김 첨지는 주머니에 *두둑한 돈을 만지며 설렁탕집으로 향했다.

며칠 전부터 아내는 설렁탕 국물이 먹고 싶다고 졸랐다.

"밥도 잘 못 먹으면서 무슨 설렁탕이야? 설렁탕이 좀 비싼 줄 알아?"

김 첨지는 아내에게 소리를 치면서도 못내 마음에 걸렸다. 돈이 없어 설렁탕 한 그릇 사 주지 못하는 심정이 오죽하랴. 그런데 지금은 ㉠설렁탕을 사 줄 수 있다. 김 첨지는 가게에 들러 설렁탕을 사 들고 나왔다.

어휘 풀이

*__인력거꾼__ 사람이 타는 바퀴가 두 개 달린 수레를 끄는 사람.

*__운수__ 이미 정해져 있어 인간의 힘으로는 어쩔 수 없는 천운과 기수.

*__삯__ 일한 데 대한 품값으로 주는 돈이나 물건.

*__두둑하다__ 넉넉하거나 풍부하다.

❓ ㉠의 의미를 알맞게 파악한 친구에게 ○표 하세요.

(1) **민규** 아내에 대한 김 첨지의 사랑을 의미해. ( )

(2) **주미** 비싼 설렁탕을 먹고 싶은 아내의 욕심을 의미해. ( )

도움말

김 첨지가 넉넉히 돈을 벌고 난 뒤 떠올린 사람은 누구이고, 그가 왜 설렁탕을 샀는지 생각해 보세요.

2 저승에 있는 곳간

옛날에 백성은 돌보지 않고 자기 곳간만 채우기 바쁜 욕심 많은 원님이 있었어. 어느 날 잠을 자던 원님 앞에 저승사자가 나타난 거야. 원님은 살려달라고 빌었지. 저승사자는 이승으로 돌아가려면 *노잣돈을 내야 한다고 했어. 자다 온 사람에게 돈이 있을 리가 있나. 원님이 돈이 없다고 벌벌 떨었더니 저승사자는 저승 *곳간에 돈이 있을 테니, 그걸 노잣돈으로 내라고 했어. 사람이 *덕을 쌓을 때마다 저승에 있는 곳간에 재물이 쌓인다면서 말이야. 그래서 원님은 자신의 저승 곳간을 찾아가 곳간의 문을 열었지. 그런데 곳간이 텅 비어 있지 뭐야. 이승에서 욕심만 부리고 덕을 쌓지 않았으니 곳간에 *재물이 있을 리가 있나.

어휘 풀이

*__노잣돈__ 먼 길을 오가는 데 드는 돈.

*__곳간__ 물건을 간직하여 두는 곳.

*__덕__ 베풀어 준 은혜나 도움.

*__재물__ 돈이나 그 밖의 값나가는 모든 물건.

❓ 원님의 저승 곳간이 비어 있는 까닭으로 알맞은 것에 ○표 하세요.

(1) 욕심 많은 원님이 이승에서 저승 곳간의 재물까지 다 써 버려서

(2) 원님이 이승에서 한 번도 다른 사람에게 덕을 베푼 적이 없어서

도움말

텅 빈 저승 곳간을 채우려면 이승에서 어떻게 행동해야 하는지 생각해 보세요.

3 행복한 왕자 | 오스카 와일드

어휘 풀이

*한적하다 한가하고 고요하다.

*루비 붉은빛을 띤 단단한 보석. 강옥의 하나로, 홍보석 또는 홍옥이라고도 한다.

"㉠제비야, 제비야, 내 부탁을 들어줄 수 있겠니? 저기 저 *한적한 골목길에 집이 한 채 있는데 거기에 가난한 여인이 살고 있어. 그 여인에게는 아픈 아들이 있는데 얼마 전부터 ㉡오렌지를 먹고 싶어 해. 그런데 그 집은 너무나 가난해서 오렌지를 사 줄 수가 없지. 제비야, 네가 내 칼에 박힌 ㉢*루비를 그 집에 주고 오면 안 되겠니?"

"왕자님, 루비는 귀한 거잖아요."

"괜찮아, 그 루비를 팔아 아이가 오렌지를 먹을 수 있다면."

도움말

왕자가 아픈 소년을 위해 어떻게 희생했는지 생각해 보세요.

❓ ㉠~㉢ 중에서 왕자의 사랑과 희생을 의미하는 소재는 무엇인가요? (　　　　　)

① ㉠ 제비　　　　　② ㉡ 오렌지　　　　　③ ㉢ 루비

4 같은 편이 너무해!

어휘 풀이

*심상치 않다 예사롭지 않고 이상하거나 특별하다.

*역전당하다 형세가 뒤집히다.

*머뭇머뭇 말이나 행동을 결정하여 선뜻 행하지 못하고 자꾸 망설이는 모양.

"야, 너 진짜 똑바로 안 뛰어? 주한이 너 때문에 지게 생겼잖아."

"아, 미안해. 조금 더 잘해 볼게."

우리 사이가 *심상치 않은 걸 느낀 정운이가 다가왔다.

"김석민, 주한이 아까 수비하다가 다리 삐끗한 거 몰라? 골 안 먹으려고 기를 쓰고 달려와서 수비하느라 다쳤는데 꼭 그렇게 말해야겠어?"

순간 나는 조금 전 상황이 기억났다.

'아 맞다. 한 골만 더 먹혔으면 *역전당했을 텐데. 주한이가 달려와서 막아 줬지.'

경기가 끝나고 벤치에 모였다. 나는 주한이 앞에서 *머뭇머뭇 망설이고 있었다. 그러고는 용기를 내서 주한이 손에 ㉠반창고를 쥐여 주고 뛰어왔다.

도움말

정운이의 말을 듣고, 석민이가 깨닫게 된 것은 무엇인지 생각해 보세요.

❓ ㉠에 담긴 석민이의 마음으로 알맞은 것을 찾아 ○표 하세요.

(1) 다음 경기에서는 더 빨리 뛰고 수비를 잘하라는 마음. (　　　)

(2) 수비하다 다친 주한이에게 화를 내서 미안하고 고마운 마음. (　　　)

5 아버지의 머리털 | 노원호

뽑지 않을래
아버지의 ㉠하얀 머리털.

한 개를 뽑으면
백 원을 준다기에
얼른 *달려들고 싶었지만
생각할수록 아버지에게 미안한 생각이 든다.

어쩌면
흰머리가 이렇게 많을까?

차라리
내 머리털 하나 뽑는 게
훨씬 더 편할 것 같다.

어휘 풀이

*달려들다 어떠한 일에 적극적으로 다가가 임하다.

❓ 이 시의 소재 ㉠의 의미에 대해 바르게 이야기한 친구에게 ○표 하세요.

(1) **지원** ▶ ㉠은 아버지의 나이 든 모습을 나타내는 소재로, 아버지에 대한 글쓴이의 안타까운 마음을 의미해. ( )

(2) **채영** ▶ ㉠은 아버지의 위엄 있는 모습을 나타내는 소재로, 아버지에 대한 글쓴이의 존경하는 마음을 의미해. ( )

도움말

세월이 흘러 나이 든 아버지를 바라보는 글쓴이의 마음을 생각해 보세요.

6 바리데기 공주

옛날에 바리데기라는 이름의 공주가 있었어. 바리데기는 오구 대왕과 길대 부인의 일곱 번째 딸로 태어났지만, 아들을 바랐던 부부는 바리데기가 태어나자마자 버리고 말았대. 어느 날 한 신하가 바리데기를 찾아왔어. 신하는 왕과 왕비가 *중병에 걸렸는데 저승에 있는 *약수를 먹어야만 살 수 있다고 했지. 신하는 바리데기에게 그 ㉠약수를 구해 올 수 있겠냐고 물었어. 바리데기는 기꺼이 구해 오겠다고 했지. 다른 여섯 공주는 모두 거절했다는데도 말이야. 자기를 버린 부모를 위해 목숨을 걸다니 바리데기의 효심이 정말 깊었던 거야. 그런데 저승 약수를 얻으러 가는 길은 쉽지 않았어. ㉡험한 산을 넘고, 넓은 바다를 건너고, 꼬불꼬불한 길을 한참을 걸어간 뒤에야 약수가 있는 곳에 도착할 수 있었지.

어휘 풀이

*중병 목숨이 위태로울 정도로 몹시 앓는 병.

*약수 먹거나 몸을 담그면 약효가 있는 샘물.

❓ 다음 소재의 의미로 알맞은 것을 찾아 이으세요.

(1) ㉠약수 •

(2) ㉡험한 산 •

• ① 바리데기의 고난

• ② 바리데기의 효심

도움말

바리데기 공주가 약수를 구하려는 이유가 무엇이고 약수를 구하러 가는 길이 어땠는지 생각해 보세요.

19

인물의 의도 파악하기

만년 샤쓰 | 방정환

어휘 풀이

*포개다 놓인 것 위에 또 놓다.

*시리다 차가운 것에 닿아서 춥고 얼얼하다.

"너는 네가 입을 샤쓰와 양말까지 다 벗어 주었단 말이냐?"

"아니요. 양말과 샤쓰만은 한 벌씩 남겼었는데 저희 어머니가 입었던 옷을 모두 남에게 쥐 놓고 추워서 벌벌 떠시기에 제가 '어머니 제 샤쓰라도 입으실까요?' 했더니 '네 샤쓰도 모두 남 주었는데 웬 것이 두 벌씩 남았겠니?' 하시기에 제가 입고 있는 것이 한 벌뿐이면서도, '예, 두 벌 남았으니 하나는 어머니 입으십시오.' 하고 입었던 것을 어저께 아침에 벗어 드렸습니다. 그러니까 '네가 멀리 있는 학교에 가는 길이 추울 텐데 둘을 *포개 입을 것을 그랬구나' 하시면서 받으셨어요. 그리고 아주 발이 *시려하시면서 '창남아, 양말도 두 켤레가 있느냐?' 하시기에 신고 있는 것 한 켤레지만 '예, 두 켤레올시다. 하나는 어머니가 신으시지요.'라고 거짓말을 하고, 신었던 것을 어제저녁에 벗어 드렸습니다. 저는 그렇게 어머니께 거짓말을 하였습니다. 나쁜 일인 줄 알면서도 거짓말을 하였습니다."

(창남이가 어머니께 옷을 벗어드린 이유)

(창남이가 어머니를 위해 한 말과 행동 ①)

(창남이가 어머니께 양말을 벗어드린 이유)

(창남이가 어머니를 위해 한 말과 행동 ②)

유형 이해 💡

◉ **인물의 의도를 파악하는 방법에 대해 알아보아요.**

> 문학 작품에서 인물의 의도는 인물의 말과 행동을 통해 드러나요. 인물의 의도를 파악하기 위해서는 인물에게 있었던 일과 그 상황에서 인물이 한 말과 행동을 살펴봐요. 그리고 인물이 그렇게 한 까닭을 생각하면 인물의 의도를 파악할 수 있어요.

◉ **창남이가 어머니에게 거짓말을 한 의도는 무엇일까요?**

> 창남이의 말과 행동을 살펴보세요. 창남이는 어머니가 추워하자 어머니께 자신은 옷과 양말이 있다고 거짓말을 하고(말), 자신의 옷과 양말을 벗어 드렸어요(행동). 창남이가 이런 말과 행동을 한 까닭은 **추위에 떨고 있는 어머니가 걱정되었기 때문**(의도)이에요.

1 낙랑 공주와 호동 왕자

고구려의 호동 왕자는 낙랑국의 낙랑 공주와 사랑에 빠졌어요. 호동 왕자는 낙랑 공주와 산책하다가 낙랑국의 비밀인 자명고에 대해 알게 되었어요. 자명고는 적국이 *침입할 *기미가 보이면 저절로 울리는 북이에요. 그 사실을 알게 된 호동 왕자는 자명고를 없애야겠다고 생각했어요. 고구려로 돌아온 호동 왕자는 전쟁을 준비하면서 낙랑 공주에게 자신을 위해 자명고를 찢어 달라고 편지를 써 보냈어요. 호동 왕자의 편지를 받은 낙랑 공주는 고민에 빠졌어요.

어휘 풀이

***침입하다** 침범하여 들어가거나 들어오다.

***기미** 어떤 일을 알아차릴 수 있는 눈치.

❓ 호동 왕자가 편지를 쓴 의도를 알맞게 말한 친구에 ○표 하세요.

(1) **수아** 자명고를 없애 낙랑국을 공격하고 싶었기 때문이야. (   )

(2) **슬기** 낙랑 공주가 전쟁을 피해 도망가길 바랐기 때문이야. (   )

도움말

자명고가 어떤 북이고, 자명고가 없어지면 어떤 일이 생길지 생각해 보세요.

2 도깨비를 골탕 먹인 농부

옛날에 마을 사람들을 괴롭히길 좋아하는 도깨비가 있었어. 오늘은 누구를 골려 줄까 마을을 *기웃거리던 도깨비는 농사일을 하는 할아버지를 발견했지. 할아버지는 땀을 뻘뻘 흘리면서 *괭이로 밭에 있는 돌을 골라내고 있었어.

'돌 골라내는 소리 한번 시끄럽네. 이 영감을 골려 줘야겠군.'

다음 날 도깨비는 할아버지가 골라 놓은 돌들을 다시 밭으로 가져다 두었어. 할아버지는 밭에 있는 돌들을 발견하고 도깨비의 짓임을 알아챘지. 할아버지는 다시 돌을 골라내며 큰소리로 외쳤어.

㉠"아이고, 누가 고맙게도 돌들을 밭에 가져다주었네. 신나기도 해라. 만약에 소똥이나 거름을 갖다 놓았으면 힘들어서 큰일 날 뻔했는데 말이야."

어휘 풀이

***기웃거리다** 무엇을 보려고 고개나 몸을 이쪽저쪽으로 자꾸 기울이다.

***괭이** 땅을 파거나 흙을 고르는 데 쓰는 농기구.

❓ 할아버지가 ㉠과 같이 말한 의도로 알맞은 것에 ○표 하세요.

(1) 도깨비에게 고마운 마음을 전하고 싶었기 때문이다.

(2) 도깨비가 소똥이나 거름을 가져다 놓기를 바랐기 때문이다.

도움말

할아버지가 도깨비를 골려 주고, 이득을 얻을 수 있는 방법을 생각해 보세요.

3 마녀의 빵 | 오 헨리

마사의 가게에는 매일 같은 남자가 딱딱한 빵을 사러 온다. 그 남자는 한 번도 케이크나 파이 같은 달콤한 빵을 산 적이 없다. 마사는 아마도 그가 가난한 예술가가 아닐까 생각했다. 언젠가부터 그 손님의 얼굴이 더 *야윈 듯 보였다. 마사는 매일 그가 사 가는 영양가 없는 딱딱한 빵 대신 좋은 것을 주고 싶었다. 하지만 예술가의 *자존심을 알기에 그녀는 *차마 용기를 낼 수 없었다.

오늘도 어김없이 그 남자가 딱딱한 빵을 사러 왔다. 때마침 커다란 소방차가 *경적을 울리며 가게 앞을 지나갔다. 남자는 무슨 일인가 싶어서 밖을 내다보았다. ㉠마사는 이때가 기회인 것 같아서 남자의 빵에 몰래 버터를 잘라 넣었다.

어휘 풀이

*야위다 몸의 살이 빠져 조금 파리하게 되다.

*자존심 남에게 굽히지 않고 자신의 품위를 스스로 지키는 마음.

*차마 부끄럽거나 안타까워서 감히.

*경적 주의나 경계를 하도록 울리는 장치.

도움말

마사가 용기를 낼 수 없었던 이유가 무엇인지 생각해 보세요.

❓ **마사가 ㉠처럼 행동한 의도로 알맞은 것에 ○표 하세요.**

(1) 빵 가게 주인 몰래 남자에게 버터를 주고 싶었기 때문이다. ( )
(2) 예술가의 자존심이 상하지 않게 버터를 주고 싶었기 때문이다. ( )

4 생일 아침

나는 일어나자마자 부엌으로 달려갔다. 익숙한 냄새에 서둘러 식탁 위에 놓인 냄비를 열어 보았다. 김치찌개였다.

'생일에는 미역국을 끓여 주시는데……. 혹시 엄마가 내 생일을 잊은 거야?'

사실 생일에 미역국을 먹지 못 하는 것쯤은 괜찮다. 하지만 걱정되는 건 엄마가 내 생일 선물마저 잊어버렸을까 하는 것이다.

'엄마가 이번 생일에 스마트폰 사 준다고 약속했는데.'

㉠"엄마, 아침에 왜 김치찌개를 끓였어? 난 미역국 먹고 싶었는데."

"미역국? 너 미역국 싫어하잖아."

엄마의 대답에 나는 *확신했다.

'엄마는 내 생일을 잊어버린 게 분명해!'

어휘 풀이

*확신하다 굳게 믿다.

도움말

'나'가 ㉠처럼 말한 뒤 어떤 생각을 했는지 살펴보세요.

❓ **'나'가 엄마에게 밑줄 친 ㉠처럼 말한 의도는 무엇인가요?** ( )

① 오늘따라 김치찌개가 먹기 싫어서
② '나'의 생일을 엄마가 알고 있나 확인하려고
③ 미역국을 끓이지 않은 엄마에게 투정 부리고 싶어서

5 | 장편 2 | 김종삼

조선총독부가 있을 때
청계천변 10전 균일상 밥집 문턱엔
거지 소녀가 거지 장님 *어버이를
이끌고 와 서 있었다
주인 영감이 소리를 질렀으나
*태연하였다

어린 소녀는 어버이의 생일이라고
10전짜리 두 개를 보였다.

어휘 풀이

*어버이 아버지와 어머니를 아울러 이르는 말.

*태연하다 태도나 기색이 아무렇지도 않은 듯이 예사롭다.

❓ 어린 소녀가 10전짜리 두 개를 보인 의도로 알맞은 것에 ○표 하세요.

(1) 어버이의 생일이니까 공짜로 밥을 주면 좋겠다.

(2) 어버이의 생일이니까 돈을 내고 밥을 먹을 것이다.

도움말

주인 영감이 쫓으려고 했어도 어린 소녀가 태연할 수 있었던 까닭을 생각해 보세요.

6 | 봄봄 | 김유정

내가 점순이와 결혼시켜 달라고 하면 장인님은 매번,
"결혼이고 뭐고, 점순이 키가 *미처 자라야 할 것 아니여?"라고 눈을 *치켜뜨고 말했다.
"아니 4년 동안 안 자랐는데 그 키는 도대체 언제 자란대유?"
"야, 이 녀석아! 내가 크질 말라구 했냐, 왜 날 보고 *떼를 쓰냐?"
㉠"아니 그럼 장모님은 그 작은 키로 어떻게 결혼을 했대유?"
장인님은 이 말을 듣고 껄껄 웃더니 날 *은근히 골리려고 코를 푸는 척하며 팔꿈치로 갈비뼈를 퍽 치는 것이었다.

어휘 풀이

*미처 아직 거기까지 미치도록.

*치켜뜨다 눈을 아래에서 위로 올려 뜨다.

*떼 요구나 청을 들어 달라고 고집하는 것.

*은근히 야단스럽지 않고 꾸준하게.

❓ '나'가 밑줄 친 ㉠처럼 말한 의도는 무엇인가요? (   )

① 키가 작은 장모님이 어떻게 결혼했는지 궁금해서
② 점순이의 키가 작아도 결혼할 수 있다고 말하고 싶어서
③ 점순이의 키가 작은 건 장모님 때문이라고 말하고 싶어서

도움말

'나'가 바라는 것이 무엇인지 생각해 보세요.

상반된 관점 분석하기

셰어런팅

가

어휘 풀이

*양육 아이를 보살펴서 자라게 함.

*SNS 사회 관계망을 구축해 주는 온라인 서비스. '소셜 네트워크 서비스(Social Network Service)의 약자이다.

*매개 둘 사이에서 양편의 관계를 맺어 줌.

*악용되다 알맞지 않게 쓰이거나 나쁜 일에 쓰이다.

*우려 근심하거나 걱정함.

*정서 사람의 마음에 일어나는 여러 가지 감정.

*정체성 변하지 않는 존재의 본질을 깨닫는 성질.

셰어런팅(Sharenting)이란 공유(share)와 *양육(parenting)을 합친 말로, 부모가 자녀의 양육 과정이 담긴 사진이나 영상을 *SNS에 공유하는 것을 말한다. 이렇게 하면 부모는 자녀의 소중한 일상을 기록하여 오랫동안 간직할 수 있다. 또 SNS가 가까운 친구와 가족들에게 자녀의 일상 소식을 전하는 *매개의 역할을 하기도 한다.

셰어런팅의 장점 ①
셰어런팅의 장점 ②

나

부모가 SNS에 올린 자녀의 사진을 통해 자녀의 개인 정보가 유출되고 있다. 아이의 얼굴, 사는 곳, 다니는 학교 등 민감한 개인 정보는 범죄에 *악용될 *우려가 크다. 또 부모가 자녀의 동의 없이 올린 사진이 아이의 *정서에 부정적인 영향을 주기도 한다. 목욕하는 모습이나 배변 훈련하는 모습이 공유되기를 바라는 아이는 많지 않을 것이다. *정체성을 확립해 가는 시기에 원하지 않는 모습이 노출되는 것은 아이에게 큰 스트레스를 줄 수 있다.

셰어런팅의 단점 ①
셰어런팅의 단점 ②

유형 이해

◉ 상반된 관점을 분석하는 방법에 대해 알아보아요.

> 글에는 글쓴이의 관점이 담겨 있어요. 관점이란 어떤 대상이나 현상을 바라보는 자신만의 생각을 말해요. 같은 대상이나 현상도 보는 사람의 관점에 따라 긍정적일 수도, 부정적일 수도 있어요. 따라서 상반된 관점을 분석할 때는 공통으로 다루는 대상이 무엇인지를 파악한 뒤, 그 대상에 대한 글쓴이의 생각이 긍정적인지, 부정적인지를 살펴봐요. 그 다음 두 글의 관점이 어떻게 다른지 비교하면 돼요.

◉ '셰어런팅'에 대한 **가** 와 **나** 의 관점이 어떻게 다른가요?

> **가** 는 SNS에 자녀의 일상을 기록하면 오랫동안 간직할 수 있고, 이 기록으로 주변 사람과 소통할 수 있는 장점이 있다고 말해요. 반면에 **나** 는 셰어런팅이 자녀의 개인 정보를 유출하고, 자녀의 정서에 부정적인 영향을 줄 수도 있다고 말해요. 즉, **가** 는 셰어런팅에 찬성하고 **나** 는 셰어런팅에 반대하는 관점을 보이고 있어요.

1 심청에 대한 두 가지 관점

가

　'효도' 하면 떠오르는 인물이 있나요? 저는 가장 먼저 심청이가 떠올랐습니다. 「심청전」의 이야기는 모두 아실 거예요. 심청이는 아버지의 눈을 뜨게 하려고 공양미 300석을 받고 인당수에 몸을 던졌습니다. 저는 이 이야기에 깊이 감동했습니다.

　그 이유는 첫째, 심청이가 아버지를 공경하고 사랑했기 때문입니다. 저는 진정한 효도는 마음에서 비롯된다고 생각합니다. 아버지를 사랑하는 마음은 심청이가 아버지를 *극진히 모신 것을 보면 알 수 있습니다.

　둘째, 심청이는 아버지의 행복을 위해 자신을 희생했습니다. 희생은 다른 사람을 위해 자신이 가진 것을 내려놓는 것입니다. 비록 심청이 자신의 목숨을 바치는 *극단적인 선택을 했지만, 아버지를 위해 희생하는 모습은 진정 아름다웠습니다.

나

　저는 심청이가 인당수에 바쳐졌다는 사실을 알았을 때, 심 봉사가 울부짖던 장면을 잊을 수가 없습니다. 심청이가 사라진 후, 심 봉사가 세상을 잃은 듯 슬픔에 잠겨 있던 모습도 *생생합니다. 심청이는 심 봉사가 눈을 뜨고 행복하기를 바랐지만, 심 봉사는 심청이가 인당수에 빠진 것을 알게 된 순간부터 행복하지 않았습니다.

　효도는 부모님이 원하는 것을 드리고, 오랫동안 함께 있는 것입니다. 심 봉사는 자신이 눈을 뜨는 대신 심청이가 죽는 것을 원하지 않았습니다. 그러므로 심청이가 한 행동은 효도라고 볼 수 없습니다.

어휘 풀이

*극진히 어떤 대상에 대하여 정성을 다하는 태도가 있게.

*극단적 길이나 일의 진행이 끝까지 미쳐 더 나아갈 데가 없는 것.

*생생하다 바로 눈앞에 보이는 것처럼 또렷하다.

❓ 글 **가** 와 **나** 가 공통으로 이야기하는 것에 ○표 하세요.

(1) 심 봉사는 좋은 부모인가?

(2) 심청이는 효녀인가?

도움말
글 **가**, **나** 에 공통적으로 등장하는 인물은 누구이고, 그 인물에 대해 어떻게 말하고 있는지 살펴보세요.

❓ 글 **가** 와 **나** 의 관점을 알맞게 분석한 친구를 골라 ○표 하세요.

(1) **수아** ▶ 글 **가** 는 심청이가 아버지를 사랑했고 아버지를 위해 희생하였기 때문에 심청을 효녀라고 생각하는 것 같아.　　　　　　(　)

(2) **슬기** ▶ 글 **나** 는 심청이가 심 봉사가 원하던 대로 눈을 뜨게 해 드렸기 때문에 효녀라고 생각하는 것 같아.　　　　　(　)

도움말
각각의 친구들이 심청이의 행동을 긍정적으로 생각하는지 부정적으로 생각하는지 살펴보세요. 그런 다음 그렇게 생각한 이유가 무엇인지도 생각해 보세요.

2 촉법소년 연령 낮춰야 하나

교사: 최근 *촉법소년의 범죄율이 증가하고 *재범율도 높아지면서 촉법소년의 기준 연령을 *하향해야 한다는 논의가 진행 중입니다. 이에 대한 친구들의 의견을 들어 보고 싶어요.

정민: 촉법소년에 관한 법이 제정된 때는 1958년입니다. 지금은 그때보다 청소년들이 *성숙하였습니다. 시대가 변했기 때문에 그에 맞는 연령으로 낮춰야 합니다.

서현: 유엔 아동 권리 협약에서는 아동에 대한 체포나 형사 처벌을 금지하고 있습니다. 또 우리나라는 미국, 영국 등에 비해 촉법소년 연령이 낮은 편입니다. 국제적인 기준에 맞춰 현재의 연령을 유지하는 게 좋습니다.

은후: 맞아요. 형사 처벌을 받게 되면 사회적으로 *낙인찍히게 됩니다. 어린 학생들을 처벌하기보다 먼저 반성할 기회를 주는 것이 옳다고 생각해요.

지훈: 글쎄요. 촉법소년은 처벌받지 않는다는 점을 이용해서 범죄를 저지르는 경우도 많아요. 촉법소년 연령을 낮춰 강력하게 처벌해야 모방 범죄를 줄이고, 사회적 정의를 실현할 수 있습니다.

어휘 풀이

*촉법소년 형법상 범죄를 저지른 10세 이상 14세 미만의 청소년. 형사 책임 능력이 없기 때문에 범죄 행위를 하였어도 처벌받지 않으며 보호 처분의 대상이 된다.

*재범율 다시 범죄를 저지르는 비율.

*하향하다 아래로 향하다.

*성숙하다 몸과 마음이 자라서 어른스럽게 되다.

*낙인찍히다 벗어나기 어려운 부정적 평가가 내려지다.

도움말

촉법소년 연령 하향에 대한 관점의 차이를 살펴보세요.

❓ 촉법소년 연령 하향에 대한 관점이 같은 친구들을 찾아 ○표 하세요.

> 촉법소년 연령 하향에 찬성하는 사람은 (정민, 서현, 은후, 지훈)이고, 연령 하향에 반대하는 사람은 (정민, 서현, 은후, 지훈)이다.

도움말

현재 제도를 유지하는 것과 바꾸는 것 중에서 촉법소년 연령 하향에 찬성하는 관점이 무엇인지 확인해 보세요.

❓ 촉법소년 연령 하향을 둘러싼 주장의 근거로 알맞은 것을 모두 찾아 선으로 이으세요.

(1) 촉법소년 연령 하향에 찬성한다. •

(2) 촉법소년 연령 하향에 반대한다. •

① 시대가 변했으므로 그에 맞는 연령으로 바뀌어야 한다.

② 처벌하기보다는 반성할 기회를 주는 것이 좋다.

③ 모방 범죄를 줄이고, 사회적 정의를 실현할 수 있다.

④ 국제적인 기준에 맞춰 현재의 연령 기준을 유지해야 한다.

3 유전자를 선택할 수 있다면

가

과학자들은 오랫동안 사람의 *유전 정보를 알아내기 위해 노력했어요. 유전 정보란 사람이나 동물, 식물이 태어날 때부터 가지고 있는 특징으로, 여기에는 피부색과 눈동자 색, 쌍꺼풀의 유무뿐 아니라 여러 가지 질병의 원인이 담겨 있어요. 유전 정보에 대한 연구가 쌓이면서 과학자들은 질병과 관련된 유전 정보를 고쳐서 병을 치료하고 싶다고 생각했어요. 그렇게 등장한 것이 바로 유전자 가위 기술이에요. 유전자 가위 기술은 *DNA의 특정 부분을 정확하게 자르고 고치는 기술이에요. 마치 가위로 종이를 자르듯이 DNA를 자르고, 필요한 경우에는 새롭게 편집한 유전 정보를 넣어 줄 수도 있지요. 이 기술은 아직 초기 단계이지만 다양한 유전병 치료에 큰 희망을 주고 있어요. 최근에는 암세포의 *돌연변이를 치료하는 실험도 준비 중이라고 하니 인류가 질병에서 해방될 날이 얼마 남지 않았어요.

나

2020년 노벨 화학상은 유전자 가위 기술을 개발한 두 명의 여성 과학자에게 돌아갔다. 유전자 가위 기술이 인류의 건강에 *기여할 것이라는 기대를 반영한 결과이다. 하지만 유전자 가위 기술은 아직 안정성이 *검증되지 않았고, 무엇보다 윤리적이지 않다. 백화점에서 물건을 쇼핑하듯이 원하는 유전자를 고를 수 있다면 어떻게 될까? 아마 물건에 값을 매기듯 유전자에도 점수가 매겨져 유전자가 사람을 차별하는 도구로 사용될 것이다. 또 부모들이 자신의 *기호에 맞춘 '맞춤형 아기'를 선택하거나, 부자들만 유전자 가위 기술의 이익을 누리는 불평등이 생길 수도 있다.

어휘 풀이

***유전** 어버이의 성격, 체질, 형상 따위의 형질이 자손에게 전해짐. 또는 그런 현상.

***DNA** 모든 생물의 세포 속에 있는 유전자의 본체.

***돌연변이** 생물체에서 어버이의 계통에 없던 새로운 형질이 나타나 유전하는 현상.

***기여하다** 도움이 되도록 이바지하다.

***검증하다** 검사하여 증명하다.

***기호** 즐기고 좋아함.

❓ 유전자 가위 기술에 찬성하는 까닭으로 알맞은 것에 ○표 하세요.

(1) 병원에 가는 것보다 비용이 저렴하기 때문이다.

(2) 병으로 고통받는 사람들을 도울 수 있기 때문이다.

도움말 유전자 가위 기술이 생겨난 이유를 생각해 보세요.

❓ 유전자 가위 기술에 반대하는 까닭으로 알맞지 <u>않은</u> 것은 무언인가요?

( )

① 유전자 가위 기술로 병이 치료되면 의사들의 일자리가 줄어들기 때문이다.
② 유전자 가위 기술을 사용하지 못하는 사람을 차별하게 되기 때문이다.
③ 부모가 미리 아이의 유전 정보를 결정하는 것은 윤리적이지 않기 때문이다.

도움말 유전자 가위 기술에 반대하는 관점의 근거를 찾아보세요.

근거의 타당성 평가하기

추론+비판

펫티켓을 지켜요

펫티켓(Petiquette)은 반려동물을 뜻하는 펫(Pet)과 예의를 뜻하는 에티켓(Etiquette)의 합성어로, 반려동물을 키울 때 지켜야 할 예의를 가리키는 *신조어다. 최근 반려동물과 함께 생활하는 *반려인이 늘면서 반려동물 관련 민원이 증가하고 있다. 성숙한 반려동물 문화를 만들기 위해서는 다음의 세 가지의 펫티켓을 지켜야 한다.

첫째, 반려동물과 외출할 때에는 목줄과 입마개를 채우자. (글쓴이의 주장 ①) 반려인에게는 반려동물이 친근하고 귀엽지만 다른 사람에게는 그렇지 않다. 특히 어린아이들은 반려동물에게 공격당할 위험이 크다. (글쓴이의 주장을 뒷받침하는 근거 ①) 따라서 외출할 때는 반드시 목줄과 입마개를 채워야 한다.

둘째, 배변 봉투를 챙겨 반려동물의 배설물을 *수거하자. (글쓴이의 주장 ②) 이는 공공장소의 *위생적인 환경을 유지하고 배설물로 인해 다른 사람들이 불쾌감을 느끼지 않도록 하기 위해 반드시 지켜야 할 펫티켓이다. (글쓴이의 주장을 뒷받침하는 근거 ②)

셋째, 반려동물 *인식표를 부착하자. (글쓴이의 주장 ③) 반려동물에 대한 정보와 반려인의 연락처를 적은 인식표를 붙이면 사고 발생 시 *신속하게 대처할 수 있다. (글쓴이의 주장을 뒷받침하는 근거 ③)

▲ 반려동물의 배설물을 수거하는 모습

유형 이해

◎ 근거의 타당성을 평가하는 방법에 대해 알아보아요.

> 주장하는 글에서 글쓴이는 읽는 사람을 설득하기 위해 자신의 주장을 뒷받침하는 다양한 근거를 제시해요. 제시된 근거의 타당성은 근거가 주장과 관련이 있고 주장을 잘 뒷받침하고 있는지 살펴보면 알 수 있어요. 또 모호하거나 과장된 표현, '항상, 절대로, 반드시, 전혀'처럼 지나치게 단정적인 표현은 근거의 타당성을 떨어뜨려요.

◎ 위 글의 근거가 타당한지 평가해 볼까요?

> 이 글의 글쓴이가 주장하는 것은 '펫티켓을 지키자'예요. 글쓴이는 **자신의 주장과 관련된 세 가지 근거를 제시**하여 자신의 주장을 잘 뒷받침하고 있어요. **모호하거나 과장된 표현도 없기 때문에 글쓴이의 주장은 타당하다**고 평가할 수 있어요.

1 청소년의 경제 활동, 막아야 할까?

법에 따라 15세 미만의 청소년은 원칙적으로 경제 활동을 할 수 없다. 이는 청소년이 의무 교육을 받을 수 있도록 *보장하고, 이들의 건강한 성장과 발달을 지원하기 위한 조치이다. 하지만 청소년기 경제 활동 참여에는 단점보다 장점이 많다. 우선 책임감과 *자립심을 기를 수 있다. 또 경제 활동을 경험해 보면서 미래에 어떤 직업을 선택할지 고민할 수 있고, 금융 지식을 얻어 사회와 경제 구조를 이해할 수 있다. 다양한 사회 구성원들과 소통하며 사회성을 기를 수 있다는 장점도 무시할 수 없다. 따라서 우리는 청소년의 경제 활동을 *장려하고 지원해야 한다.

어휘 풀이

*보장하다 어떤 일이 어려움 없이 이루어지도록 조건을 마련하여 보증하거나 보호하다.

*자립심 남에게 의지하지 않고 자기 스스로 서려는 마음가짐.

*장려하다 좋은 일에 힘쓰도록 북돋아 주다.

❓ 이 글의 주장을 뒷받침하는 근거로 알맞지 <u>않은</u> 것을 고르세요.　　(　　　　)

① 경제 활동 경험은 청소년의 진로 선택에 도움을 줄 수 있다.
② 청소년의 경제 활동은 의무 교육을 받을 권리를 완전히 **빼앗는다.**
③ 경제 활동을 경험한 청소년은 사회와 경제를 더 깊이 이해할 수 있다.

도움말

글쓴이의 주장이 무엇인지 찾아보고, 어떤 근거가 주장을 뒷받침하는지 생각해 보세요.

2 세탁기는 위대한 발명품!

나는 인류가 만든 여러 발명품 가운데, 세탁기가 우리 삶에 미친 영향이 특히 크다고 생각한다. 속옷, 양말, 겉옷, 수건 등 현대인들이 하루 동안 만들어 내는 빨래의 양은 어마어마하다. 만약 세탁기가 없다면 우리는 그 많은 빨래를 *감당하기 어려워 더 오랫동안 지저분한 옷을 입고 생활했을 것이다. 따라서 ㉠<u>우리가 지금처럼 깨끗한 옷을 입고 위생적인 환경에서 생활하는 것은 전부 세탁기 덕분이라고 할 수 있다.</u> 또한 세탁기는 여성들의 사회 참여를 이끈 일등 공신이다. 세탁기가 발명되기 전, 세탁은 *가사 노동에서 상당히 큰 *비중을 차지했다. 세탁기의 발명으로 가사 노동 시간이 크게 줄면서 여성들이 교육과 직업에 더 많은 시간을 쓸 수 있게 된 것이다.

어휘 풀이

*감당하다 일 따위를 맡아서 능히 해내다.

*가사 살림살이에 관한 일.

*비중 다른 것과 비교할 때 차지하는 중요도.

❓ ㉠의 타당성을 알맞게 평가한 친구에게 ○표 하세요.

(1) 　서준　 옷을 얼마나 자주 **빠는지**가 위생에 가장 큰 영향을 미치는 것은 사실이니까 글쓴이의 의견은 타당해.　　(　　)

(2) 　은정　 지금의 위생적인 환경이 전부 세탁기 덕분이라고 말하는 건 지나쳐. 수도 시설 개선이나 개인의 인식 변화 등 다른 요인들도 고려해야 해.　　(　　)

도움말

모호하거나 과장된 표현 또는 지나치게 단정적인 표현이 쓰이지 않았는지 살펴보세요.

근거의 타당성 평가하기

추론+비판

3 게임을 해야 하는 이유

어휘 풀이

*구체적 실제적이고 세밀한 부분까지 담고 있는 것.

*도전 정면으로 맞서 싸움을 걺.

엄마: 박철민! 너, 진짜 게임 그만 안 할래? 게임은 공부에 도움이 안 돼!

철민: 아니에요. 게임은 공부에 도움이 돼요. 게임을 하면 문제 해결력이 생겨요. 게임이 문제를 해결하는 과정이기 때문이죠.

엄마: 게임이 어떻게 공부에 도움이 된다는 거야? *구체적으로 말해 봐!

철민: 게임은 공부뿐만 아니라 인생에도 많은 도움이 돼요. 게임은 곧 *도전이니까요. 인생도 도전이고요.

엄마: 얘가 지금 무슨 소리를 하는 거야? 말을 좀 분명하게 해!

도움말

철민이 엄마가 철민이의 말을 이해하지 못한 이유를 생각해 보세요.

❓ 철민이의 주장과 근거에 대해 가장 알맞게 평가한 것을 고르세요.　　（　　　）

① 철민이는 철학적이고 논리적인 근거를 들어 주장을 타당하게 뒷받침하고 있다.

② 철민이의 주장은 구체성이 부족하고 명확하지 않기 때문에 타당하지 않다.

③ 게임은 도전과 관계가 없으므로 철민이의 주장은 타당하지 않다.

4 지역 축제를 활성화합시다

어휘 풀이

*활성화하다 사회나 조직 등의 기능을 활발하게 하다.

*결속력 한 덩어리가 되게 묶는 성질.

*침체되다 어떤 현상이나 사물이 발전하지 못하고 제자리에 머무르게 되다.

　　스페인 발렌시아 주의 작은 마을 부뇰에서 열리는 토마토 축제는 대표적인 지역 축제입니다. 축제 기간인 8월에 스페인을 찾는 관광객이 많은 것도 토마토 축제를 찾는 사람이 많기 때문입니다. ㉠우리 지역도 스페인의 토마토 축제 같은 지역 축제를 *활성화해야 합니다.

　　㉡지역 축제를 활성화하면 지역 경제가 살아납니다. 관광객들이 식당을 찾거나 숙박을 하므로 지역 상인들의 소득이 증가하게 됩니다. 게다가 축제 기간 동안 우리 지역이 다양한 미디어에 노출되므로, 자연스럽게 홍보도 할 수 있습니다. ㉢마지막으로 지역 축제를 열면 지역 주민들끼리 화합할 수 있습니다. 지역 축제를 준비하는 동안 지역 주민들의 *결속력이 강해집니다.

　　이처럼 지역 축제는 최근 *침체되어 있는 우리 지역의 경제를 활성화하고, 주민들을 화합시키는 좋은 계기가 될 것입니다.

도움말

글쓴이의 주장이 무엇인지 살펴보고, 주장과 근거를 구분해 보세요.

❓ ㉠~㉢ 중에서 주장을 뒷받침하는 타당한 근거가 <u>아닌</u> 것을 고르세요.　（　　　）

① ㉠　　　　　　② ㉡　　　　　　③ ㉢

5 탄소 발자국을 줄이자

탄소 발자국이란 개인이나 기업, 국가 등이 생활하거나 제품을 생산하고 소비하는 과정에서 만들어 내는 온실가스, 특히 이산화 탄소의 *총량을 말해요. 이 가운데 개인의 탄소 발자국은 상당수가 전기 제품을 사용하거나 버스나 자동차를 타는 등의 일상생활에서 발생해요. 우리가 만든 탄소 발자국이 전 세계적인 기후 위기로 돌아온 지금, 탄소 발자국을 줄이기 위해 우리가 지금 당장 실천할 수 있는 일은 무엇일까요?

먼저 높은 층이 아니라면 엘리베이터 대신 계단을 이용해요. 엘리베이터를 이용할 때 쓰는 전기는 이산화 탄소 *배출의 *원인이에요. 계단을 이용하면 탄소 발자국도 줄이고, 건강도 챙길 수 있어요.

ㄱ

어휘 풀이

*총량 전체의 양 또는 무게.

*배출 안에서 밖으로 밀어 내보냄.

*원인 어떤 사물이나 상태를 변화시키는 근본이 된 일이나 사건.

❓ ㉠에 추가할 근거로 알맞지 <u>않은</u> 것을 고르세요. (   )

① 물건을 구매할 때 '저탄소 인증 제품'인지 확인하고 구매해요.
② 음식물 쓰레기에서도 이산화 탄소가 배출되므로 되도록 음식을 남기지 말아요.
③ 버스 한 대보다 승용차 한 대의 이산화 탄소 배출량이 적으므로 승용차로 이동해요.

도움말

이산화 탄소를 줄이는 방법이 아닌 것을 찾아보세요.

6 삼국 시대가 맞다

고구려, 백제, 신라가 있었던 시대를 삼국 시대라고 한다. 그런데 당시 한반도에는 이 세 나라 외에 가야도 있었다. 그래서 사국 시대라고 해야 한다는 주장이 있지만 나는 그 의견에 반대한다.

우선 가야는 여러 나라가 힘을 합친 *연맹 왕국이기 때문에 하나의 국가로 볼 수 없다. 또 고구려, 백제, 신라가 강한 왕권을 중심으로 *중앙 집권 체제를 갖춘 데 비해 가야는 그러지 못했기 때문에 삼국과 가야를 동등하게 보기는 어렵다.

또 고구려, 백제, 신라가 맞서 있던 4세기 초부터 7세기 중엽까지를 삼국 시대라고 하는데, 5세기 말까지는 한반도 북쪽에 고구려와 백제의 기원이 된 부여라는 나라도 존재했다. 애초에 삼국 시대라는 표현 자체가 틀린 것이다.

어휘 풀이

*연맹 공동의 목적을 가진 단체나 국가가 서로 돕고 행동을 함께할 것을 약속함.

*중앙 집권 체제 정치의 모든 권력을 중앙에 집중하는 통치 체제.

❓ 글쓴이의 주장과 근거의 타당성을 알맞게 평가한 친구에게 ○표 하세요.

(1) **희원** 글쓴이가 제시한 근거는 사국 시대 대신 삼국 시대라고 써야 한다는 주장을 타당하게 뒷받침해. (   )

(2) **승주** 삼국 시대에 가야 외에 부여도 있었다는 설명은 글쓴이의 주장을 뒷받침하는 타당한 근거가 아니야. (   )

도움말

글쓴이가 일관된 주장을 하고 있는지 확인해 보세요. 2문단에서는 사국 시대가 아니라 삼국 시대가 맞다고 주장하는데, 3문단에서는 부여에 대한 이야기를 하고 있어요.

구체적인 상황에 적용하기

추론+창의

나를 아는 거울, 메타인지

가

메타인지라는 말을 들어 본 적 있나요? 메타인지란 내가 무엇을 알고 모르는지 *파악하고, 앞으로 어떻게 하면 좋을지 스스로 판단하고 *조절하는 능력이에요. 메타인지가 높으면 학습 효율이 올라가고, 문제 해결력도 좋아집니다. 또 감정 조절과 시간 관리도 잘할 수 있어요. 메타인지를 적절히 *활용하면 학교생활뿐만 아니라 일상생활에서도 큰 도움이 돼요.

메타인지의 뜻

나

정민이는 분수 단원의 문제를 풀면서 분수의 곱셈을 풀 때 오답이 많다는 사실을 깨달았다. 곰곰이 생각해 보니 분수의 덧셈과 뺄셈은 쉬운데, 곱셈은 어렵게 느꼈던 것 같았다. 그래서 분수의 곱셈 개념을 다시 한번 살펴보고, 곱셈 문제를 반복해서 풀었다. 그랬더니 분수 단원의 오답이 훨씬 줄었다.

수학 문제를 푸는 구체적인 상황에 메타인지를 적용한 예

어휘 풀이

*파악하다 어떤 대상의 내용이나 본질을 확실하게 이해하여 알다.

*조절하다 균형이 맞게 바로잡다. 또는 적당하게 맞추어 나가다.

*활용하다 도구나 물건 등을 충분히 잘 이용하다.

유형 이해 💡

◎ **글의 내용을 구체적인 상황에 적용하는 방법에 대해 알아보아요.**

글에 담긴 핵심적인 생각이나 정보를 새롭고 다양한 상황에 적용해 보면 글을 더 깊이 이해할 수 있어요. 그러려면 먼저 글을 꼼꼼하게 읽고, 글에서 설명하는 생각이나 정보의 원리를 명확하게 이해해야 해요. 그런 다음 본래 가지고 있던 배경지식을 활용하여 구체적인 상황에 대입해 보고 결과가 어떨지 예측해 보세요.

◎ **정민이는 수학 공부를 할 때 메타인지를 어떻게 적용했나요?**

글 **가** 는 메타인지의 개념에 대한 글이고, **나** 는 수학 공부라는 구체적인 상황에 메타인지를 적용하는 방법을 보여 주는 글이에요. 정민이는 메타인지 개념을 적용하여 **자신이 아는 것(분수의 덧셈과 뺄셈)과 모르는 것(분수의 곱셈)을 구분하고, 해야 할 일(분수의 곱셈 개념을 다시 살펴보고 곱셈 문제를 반복해서 풀기)을 찾아 했어요.** 그 결과 곱셈 문제를 더 잘 풀 수 있게 되었고요.

1 컵라면에 담긴 과학 원리

뜨거운 물만 있으면 언제 어디서나 빠르고 간편하게 먹을 수 있는 컵라면. 이 작은 컵라면에 대류 현상이라는 과학 *원리가 숨어 있다. ㉠대류 현상이란 기체나 액체가 뜨거워지면 *밀도가 낮아져서 위로 올라가고, 차가워지면 밀도가 높아져서 아래로 내려가 계속 *순환하는 것을 말한다. 컵라면의 면과 *용기는 정확히 이 대류 현상을 이용해서 만들어졌다. 우선 컵라면 용기는 대개 위쪽이 넓고 아래쪽이 좁은 모양인데, 이는 면이 용기 가운데에 끼도록 만들어 면 아래쪽에 빈 공간을 만든다. 이렇게 되면 바닥에 있는 뜨거운 물이 위쪽으로 올라가 면을 빠르게 익혀 준다. 컵라면의 면 또한 대류 현상과 관계가 있다. 컵라면의 면은 대개 윗부분이 촘촘하고, 아랫부분은 성글게 되어 있는데, 이는 대류 현상에 따른 물의 온도 차이에 영향을 받지 않고 면을 고르게 익히기 위해서이다.

어휘 풀이

***원리** 사물의 근본이 되는 이치.

***밀도** 빽빽이 들어선 정도.

***순환하다** 주기적으로 자꾸 되풀이하여 돌다.

***용기** 물건을 담는 그릇.

❓ ㉠을 구체적인 상황에 적용한 예로 알맞지 <u>않은</u> 것을 고르세요.　　　(　　　　)

① 바닥에 온돌을 깔아 방 전체를 따뜻하게 데운다.
② 여름철에 선풍기를 위에서 아래로 틀어서 공기를 순환시킨다.
③ 창문 틈에 문풍지를 붙여 차가운 바람이 들어 오는 것을 막는다.

도움말

컵라면의 예를 통해 대류 현상을 원리를 꼼꼼하게 파악해 보세요. 대류 현상은 기체나 액체의 온도와 위치에 관계된 현상임을 알 수 있어요.

2 세계의 기후와 생활

세계는 크게 열대, 온대, 냉대, 한대, 건조 기후 지역으로 나눌 수 있습니다. 열대 기후 지역은 기온이 높고, *사파리 관광 산업이 발달했습니다. 온대 기후 지역은 기온과 강수량이 사람이 살기에 알맞아 인구가 많고, 여러 산업이 발달하였습니다. 냉대 기후 지역은 계절의 변화는 있지만, 겨울이 더 춥고 깁니다. 또 감자, 옥수수 등의 작물을 재배하고 침엽수 숲이 넓게 나타납니다. 한대 기후 지역은 일 년 내내 기온이 낮고 땅이 얼어 있어서 농사를 짓기 힘듭니다. 대신 석유, 천연가스 등의 자원이 풍부합니다. 건조 기후 지역은 강수량이 매우 적어 사막이나 *초원이 넓게 나타나며, 사람들은 *유목 생활을 합니다.

어휘 풀이

***사파리** 야생 동물을 놓아기르는 자연공원에 자동차를 타고 다니며 차 안에서 구경하는 일.

***초원** 풀이 나 있는 들판.

***유목** 일정한 거처 없이 물과 풀밭을 찾아 옮겨 다니면서 목축을 하며 삶.

❓ 이 글을 읽고, 각 지역의 생활에 대해 알맞게 짐작한 친구에게 ○표 하세요.

(1) **서진** ▶ 냉대 기후 지역을 여행할 때는 언제든 두꺼운 겨울옷만 있으면 되겠어.
(　　　)

(2) **슬기** ▶ 한대 기후 지역에서는 신선한 과일이나 채소가 비쌀 것 같아. (　　　)

도움말

기후에 따라 달라지는 생활 모습을 알맞게 파악한 친구를 찾아보세요.

3 | 세계의 단위

우리나라에서는 길이나 거리를 나타낼 때, 미터(m)나 킬로미터(km) 같은 *단위를 써요. 그런데 길이나 거리를 나타내는 단위로 피트(ft), 인치(in), 야드(yd)를 쓰는 나라도 있어요. 1피트는 0.3미터 정도로, 고대 이집트에서 사람의 발 크기를 기준으로 만들어진 단위가 영국 등으로 전해진 것이라고 해요. 1인치는 2.54cm로, 성인 남성의 엄지손가락 *너비를 기준으로 만들어졌어요. 1야드는 약 0.9미터인데, 전해 오는 이야기에 따르면 영국 왕 헨리 8세의 코끝에서 앞으로 뻗은 팔의 엄지손가락 끝까지의 거리에서 시작된 단위라고 해요.

❓ **피트, 인치, 야드와 같은 원리로 만들어진 단위에 ○표 하세요.**

(1) 팔꿈치에서 손끝까지의 길이인 척(尺)

(2) 기장 1200알이 들어가는 관의 부피인 작(勺)

4 | 웨어러블 로봇, 희망을 입다

영화 「아이언맨」의 주인공은 *첨단 슈트를 입는 순간, 슈퍼 히어로가 된다. 아이언맨의 슈트에 적용된 첨단 과학 기술이 불가능한 일도 가능하게 만들기 때문이다. 그런데 이러한 일이 곧 현실로 다가올 수도 있다. 바로 웨어러블 로봇(wearable robot) 산업이 발달하고 있기 때문이다.

‘입는 로봇’이라는 뜻의 웨어러블 로봇을 착용하면 사용자는 로봇에 장착된 기술의 도움을 받아 다양한 동작을 *수행할 수 있다. 특히 이 로봇은 하반신이 마비되거나 몸이 불편한 장애인의 움직임을 효과적으로 도와줄 수 있다. 또 무거운 장비를 들거나, 사람을 구조하는 일을 하는 현장에서도 웨어러블 로봇이 위험한 일을 대신해 주는 *대안이 될 수 있다.

❓ **웨어러블 로봇을 적용한 사례로 알맞지 <u>않은</u> 것은 무엇인가요?** (   )

① 거동이 불편한 노인이나 장애인이 웨어러블 로봇을 입고 움직일 수 있다.
② 국가대표 선수가 웨어러블 로봇을 입고 올림픽에 나가 신기록을 세울 수 있다.
③ 소방관이 웨어러블 로봇의 도움을 받아 위험한 상황에서 구조 활동을 할 수 있다.

5 | 기후 변화와 식량 위기

　계속된 기후 위기로 인해 전 세계 식량 생산에 빨간불이 들어왔다. 폭염, 가뭄, 홍수 같은 이상 기후 현상 탓에 농작물이 잘 자라지 못하기 때문이다. 전 세계적으로 식량 *생산량이 크게 줄었는데, 유엔 식량농업기구의 발표에 따르면 지난 30년간 재난으로 사라진 식량이 5억 명을 1년간 먹일 수 있는 양이라고 한다. 식량이 부족해지면 가격이 오르고, 가난한 국가의 사람들은 음식을 사기 어려워진다. 또한 기후 변화로 농작물의 영양가도 떨어지고 있어서 큰 문제다. 우리나라도 안전하지 않다. 쌀, 옥수수, 감자 같은 주요 작물의 생산량이 크게 줄어들 것으로 예상된다. 정부는 이러한 식량 위기에 대비하기 위해 ㉠기후 변화에 맞는 *신품종을 개발하고, 저장 농산물을 *신선하게 보관할 방법을 고민 중이다.

여휘 풀이

*생산량 일정 기간 동안 재화가 생산되는 수량.

*신품종 유전적 개량에 의해 만들어진 새로운 생물의 품종.

*신선하다 채소나 과일 등이 싱싱하다.

❓ ㉠을 구체적인 상황에 적용한 예로 알맞지 <u>않은</u> 것을 고르세요. 　　(　　　　)

① 높은 기온에도 잘 자랄 수 있는 품종을 개발한다.
② 수확량을 높이기 위해 물을 많이 쓰는 품종을 개발한다.
③ 기후 변화에도 영양가가 떨어지지 않는 품종을 개발한다.

도움말

기후 위기로 인해 어떤 문제들이 벌어지고 있는지 살펴보세요.

6 | 트레이드오프

　트레이드오프(trade off)는 우리가 일상에서 마주치는 선택의 상황을 설명하는 *개념이에요. 두 가지 이상의 선택지 사이에서 하나를 선택하면 다른 하나를 포기해야 하는 상황을 말하지요. 트레이드오프는 경제학에서 특히 중요하게 다뤄져요. 예를 들어 기업이 제품의 품질을 높이려면 비용이 더 들고, 비용을 줄이려면 품질이 떨어질 수 있는데, 이때 제품의 품질과 비용이 트레이드오프 관계에 있다고 볼 수 있어요. 이런 상황에서 기업은 품질과 비용 사이에서 *최적의 선택을 하기 위해 여러 가지 대안을 검토하게 돼요. 결국 트레이드오프를 이해하면 *제한된 자원을 효율적으로 사용하여 최선의 결정을 내릴 수 있어요.

여휘 풀이

*개념 어떤 사물이나 현상에 대한 일반적인 지식.

*최적 가장 알맞음.

*제한되다 일정한 한도가 정해지거나 그 한도를 넘지 못하게 막히다.

❓ 트레이드오프 예로 알맞은 것에 ○표 하세요.

(1) 수면 시간 - 여가 시간

(2) 음식의 맛 - 음식의 종류

도움말

하나를 선택하면 다른 하나를 포기해야 하는 상황이 무엇인지 생각해 보세요.

다른 갈래로 바꾸기

서시 | 윤동주

어휘 풀이

*우러르다 위를 향하여 고개를 정중히 들다.

*스치우다 서로 살짝 닿으면서 지나가다.

가
글의 갈래 : 시

죽는 날까지 하늘을 *우러러
한 점 부끄럼이 없기를,
잎새에 이는 바람에도
나는 괴로워했다.
별을 노래하는 마음으로

모든 죽어가는 것을 사랑해야지
그리고 나한테 주어진 길을
걸어가야겠다.
앞으로의 다짐

오늘 밤에도 별이 바람에 *스치운다.

나
글의 갈래 : 소설

일제 강점기, 그는 한국을 떠나 유학을 왔다. 그는 매일 밤 하늘을 보며 자신의 삶을 되돌아보았다. 부끄러움 없이 살고 싶었지만, 작은 바람에 흔들리는 잎새처럼 여린 자신을 발견하고 괴로워했다. 하지만 어두운 밤 빛을 잃지 않는 별을 떠올리며, 사라져 가는 모든 것을 사랑하기로 마음먹었다. 그는 자신에게 주어진 길이 험난할지라도, 그 길을 끝까지 걸어가기로 한다.
앞으로의 다짐

유형 이해

◎ **다른 갈래로 바꾸어 쓰는 방법에 대해 알아보아요.**

> 글의 형식과 내용에 따라 종류를 나눈 것을 갈래라고 해요. 글의 갈래에는 시, 소설, 수필, 설명문 등 여러 가지가 있어요. 같은 주제를 다른 갈래로 바꾸어 써 보면 다양한 글의 형식과 특징을 이해할 수 있어요. 예를 들어 시를 쓸 때는 운율을 맞추고 함축적인 표현을 쓰지만 소설을 쓸 때에는 인물, 사건, 배경이 잘 드러나도록 쓰는 것이 중요해요. 또 다른 갈래로 바꾸어 쓰는 연습을 통해 표현력과 창의력도 키울 수 있어요.

◎ **글 가 의 갈래를 글 나 로 바꾸어 쓸 때 주의할 점은 무엇인가요?**

> 글 가 는 시이고, 글 나 는 소설이에요. 글 가 는 주제를 운율과 함축적인 언어를 사용하여 표현했어요. 반면에 글 나 에는 **인물, 사건, 배경**이 잘 드러나 있어요.

1 사랑손님과 어머니   ❙ 주요섭

가

"엄마, 사랑방 아저씨도 나처럼 삶은 달걀을 좋아한대요."

나는 신이 난 목소리로 엄마에게 말했어요.

"왜 이리 *소란스러운 거야. 목소리 낮추렴."

어머니는 부끄러운 듯 어쩔 줄 몰라 하셨지요. 다음 날부터 우리 집에는 달걀이 가득했어요. 달걀 장수가 오면 엄마는 한 번에 스무 알씩 샀지요. 그러고는 달걀을 삶아 아저씨 방에도 놓고, 마루에도 놓고, 나에게도 한 알씩 주었어요. 나는 달걀을 *실컷 먹게 되었지요.

나

옥희: (신이 난 목소리로) 엄마, 사랑방 아저씨도 나처럼 삶은 달걀을 좋아 한대요.

엄마: (부끄러운 듯 고개를 숙이며) 왜 이리 소란스러운 거야. 목소리 낮추렴.

  (밖에서 달걀 장수가 '달걀 사세요.' 하며 나타난다.)

엄마: 여기 달걀 스무 알만 주세요. (엄마가 달걀을 받아 부엌으로 간다.)

엄마: 옥희야, 삶은 달걀을 아저씨 방에다 가져다 놓으렴. 몇 알은 마루에도 놓고.

옥희: (기쁜 목소리로) 와, 달걀 실컷 먹을 수 있겠다.

❓ 글 **가** 와 **나** 의 갈래로 알맞은 것에 ○표 하세요.

> **가** 는 (소설 / 시)이고, **나** 는 (광고 / 희곡)이다.

❓ 글 **가** 를 **나** 의 갈래로 바꾸어 썼어요. 달라진 점을 알맞게 말한 친구에 ○표 하세요.

(1) **대한** ▶ 글 **가** 를 **나** 의 갈래로 바꾸면서 인물의 말은 대사로, 행동은 지문으로 바뀌었어.   (   )

(2) **인희** ▶ 글 **가** 를 **나** 의 갈래로 바꾸면서, 인물과 사건은 그대로인데 배경이 바뀌었어.   (   )

다른 갈래로 바꾸기

2 태조 왕건

가

신라의 고승 도선국사는 왕건의 아버지 왕륭에게 "내년에 아주 귀한 아이가 태어날 것이니, 그 아이의 이름을 건(建)이라고 지으시오."라고 *예언했다. 이듬해 왕륭은 도선국사의 예언대로 건강하고 총명한 사내아이를 낳았다. 왕건이 17세 되던 해, 도선국사가 다시 찾아와 왕건에게 군대를 지휘하는 법 등을 가르쳤다.

왕건은 후고구려를 세운 궁예와 힘을 합쳐 후백제를 물리치고, 후고구려의 세력을 키웠다. 그러던 중 궁예는 점점 *포악해졌고 왕건마저 적으로 의심하게 되었다. 더 이상 궁예를 신뢰할 수 없던 왕건은 918년에 궁예를 쫓아내고 왕이 되었다. 왕이 된 왕건은 신라 호족들의 도움을 받아 후백제를 무너뜨리고 936년에 후삼국을 통일하였다.

나

후삼국을 통일한 왕건의 이야기를 흥미진진한 드라마로!

도선국사의 예언대로 왕이 된 왕건.

그의 *파란만장한 이야기를 드라마로 즐겨 보세요.

왕건의 어린 시절부터 왕이 되기까지의 과정,

궁예와의 *첨예한 대립까지 모두 *흥미진진하게 담았습니다.

8월 8일, 8시 ○○TV에서 방영 예정, 많이 시청해 주세요!

도움말
글 **가** 와 **나** 의 공통된 주제는 무엇이고, 이를 표현하는 방법은 어떻게 다른지을 생각해 보세요.

❓ 글 **가** 와 **나** 의 갈래에 대한 설명으로 알맞은 것에 ○표 하세요.

(1) **가** 는 설명문이고, **나** 는 논설문이다.

(2) **가** 는 설명문이고, **나** 는 광고문이다.

도움말
글 **나** 의 목적이 무엇인지 생각해 보세요.

❓ 글 **가** 를 **나** 의 갈래로 바꾸어 쓸 때, 주의할 점에 ○표 하세요.

(1) 복잡하게 분석하기보다는 핵심적인 내용을 간결하게 써서 읽는 사람의 관심을 끈다.

(2) 여러 사람이 읽는 글이므로 주장에 오해가 생기지 않도록 다양한 근거로 뒷받침한다.

3 | 아침 식사를 합시다

가

　아침 식사를 하지 않는 어린이들이 늘고 있다. *성장기 어린이에게 아침 식사는 매우 중요하다. 아침 식사는 어린이의 성장 *발육을 돕는다. 또 두뇌 활동을 *촉진시켜 학습 능력을 향상한다. 그뿐 아니라 아침 식사는 장운동을 활발하게 해서 소화 기능도 좋게 만든다. 반대로 아침 식사를 하지 않을 경우, 종일 *섭취할 음식의 질에 문제가 생길 수 있다. 실제로 아침 식사를 거르는 어린이는 오후에 짜고 기름진 음식을 더 많이 먹는다는 통계가 있다. 또 그 결과로 비만이나 *소아 성인병에 걸릴 확률도 높아진다고 한다. 간단하게라도 아침 식사를 하는 건강한 생활 습관을 갖도록 하자.

나

> ### 아침 식사 캠페인 안내문
>
> 안녕하세요. ○○ 초등학교 여러분!
>
> 성장기 어린이들에게 아침 식사는 매우 중요합니다.
>
> **아침 식사를 해야 하는 이유는?**
>
> 1. 아침 식사는 성장에 도움이 돼요.
> 2. 아침 식사는 두뇌 활동을 촉진해 학습 능력을 향상해요.
> 3. 아침 식사는 장운동을 활발하게 해서 소화 기능도 좋게 만들어요.
>
> **아침 식사를 하지 않으면?**
>
> 1. 종일 섭취할 음식의 질에 문제가 생겨요.
> 2. 비만이나 소아 성인병에 걸릴 확률이 높아져요.
>
> 우리 모두 아침 식사를 해서 건강을 챙깁시다!

어휘 풀이

***성장기** 성장하는 시기.

***발육** 생물체가 자라남.

***촉진시키다** 재촉해 더 잘 진행되도록 하다.

***섭취하다** 생물체가 양분 등을 몸속에 빨아들이다.

***소아 성인병** 잘못된 식습관과 운동 부족 등으로 인해 어린이에게서 나타나는 고혈압, 비만, 당뇨병과 같은 질병.

❓ 글 가 와 나 의 공통점으로 알맞은 것에 ○표 하세요.

(1) 읽는 사람의 생각이나 행동을 바꾸기 위해 설득하는 글이다.

(2) 핵심 주장이 눈에 잘 띄도록 시각적인 요소를 활용한다.

도움말 ▶
글 가 와 글 나 의 공통된 주장은 무엇인지 생각해 보세요.

❓ 글 가 를 나 의 갈래로 바꾸어 쓸 때 주의할 점은 무엇인가요?　(　　)

① 인물, 사건, 배경을 설정해야 한다.

② 안내하는 내용이 잘 드러나야 한다.

③ 개인의 경험이나 감정 등이 잘 드러나야 한다.

도움말 ▶
글 가 는 글쓴이의 주장이 담긴 논설문이에요. 글 가 의 주장이 글 나 에 잘 드러났는지 살펴보세요.

2
유형 연습

다시 찾은 「모나리자」

1문단 세계에서 가장 유명한 예술 작품은 무엇일까요? 아마 많은 사람이 레오나르도 다빈치의 그림 「모나리자」를 떠올릴 것입니다. 사실 「모나리자」는 레오나르도 다빈치의 작품 중에서도 비교적 덜 알려진 작품이었습니다. 「모나리자」가 지금과 같은 *명성을 얻게 된 건 1911년에 발행한 어떤 *사건 때문입니다.

2문단 1911년 8월, 프랑스의 화가 루이 베루드는 파리의 루브르 박물관에 갔습니다. 얼마 전부터 「모나리자」를 따라 그리고 있었기 때문이지요. 그런데 그림이 있어야 할 자리가 텅 비어 있었습니다. 루이 베루드는 즉시 경비원에게 이 사실을 알렸고, 박물관은 발칵 뒤집혔습니다.

3문단 프랑스 경찰은 빠르게 *수사를 시작했습니다. 루브르 박물관은 문을 닫았고, 누구도 프랑스 밖으로 빠져나갈 수 없도록 *국경도 막았습니다. *언론에서도 「모나리자」의 *도난 사건을 큰 뉴스로 다루며 사라진 그림에 대한 기사를 쏟아냈습니다. 하지만 당장 그림을 찾지는 못했지요. 프랑스 국민들은 사라진 「모나리자」를 되찾기를 간절히 바랐습니다.

▲ 레오나르도 다빈치, 「모나리자」

4문단 그로부터 2년 정도 지난 1913년 12월, 이탈리아의 미술상 알프레도 제리에게 편지 한 통이 도착했습니다. 자신이 「모나리자」를 가지고 있고, 제리에게 그걸 팔고 싶다는 내용이었죠. ㉠제리는 범인에게 그림을 직접 보고 구입하겠다고 답장했습니다. 범인은 약속대로 그림을 들고 약속 장소에 나타났고, 제리의 신고를 받은 경찰은 그 자리에서 범인을 체포할 수 있었습니다.

5문단 범인은 루브르 박물관에서 작품에 보호용 유리를 *설치했던 이탈리아 사람 빈센초 페루자였습니다. 그는 감시가 ㉡*소홀한 틈을 타 그림을 훔쳤다고 고백했습니다. 왜 그림을 훔쳤냐는 질문에 페루자는 이탈리아 화가의 작품이 프랑스에 있는 것이 마음에 들지 않았다며 「모나리자」를 이탈리아로 돌려보내려 했다고 대답했습니다. 페루자의 말은 이탈리아 사람들의 애국심을 자극했습니다. 그 결과 「모나리자」를 어디에 둘 것인가를 놓고, 프랑스와 이탈리아 사이에 다툼이 벌어졌지요. 결국 「모나리자」는 1914년에 프랑스 루브르 박물관으로 돌아갔습니다. 그리고 두 나라의 치열한 다툼 덕에 「모나리자」는 세계에서 가장 유명한 그림이 되었습니다.

내용 이해

1 이 글의 핵심 내용을 정리하여 빈칸을 완성하세요.

> 레오나르도 다빈치의 「모나리자」는 1911년에 ☐☐ 당했다가 1914년에 반환되었다.
>
> 이 사건은 작품이 높은 ☐☐ 을 얻게 된 계기가 되었다.

내용 이해

2 「모나리자」는 현재 어디에 전시되어 있는지 알맞은 곳을 골라 ○표 하세요.

(1)	(2)	(3)	(4)
런던 내셔널 갤러리	뉴욕 현대 미술관	파리 루브르 박물관	로마 바티칸 박물관

인물의 의도 파악하기

유형 연습 **추론**

3 ㉠에 나타난 제리의 생각을 알맞게 짐작한 것을 골라 ○표 하세요.

(1) 범인을 유인하기 위해서 그림을 들고 나오라고 한 것 같아.　　　　(　　)

(2) 가짜 그림일 수 있기 때문에 눈으로 확인하고 구입하려고 한 것 같아.　　(　　)

(3) 처음 보는 사람에게 예의를 갖추기 위해 직접 만나자고 한 것 같아.　　(　　)

도움말 ▶ 제리가 범인에게 답장을 한 이후에 한 일과 관련지어 생각해 보세요.

낱말의 뜻 짐작하기

유형 연습 **추론**

4 ㉡과 바꾸어 쓸 수 있는 말로 가장 적절한 것은 무엇인가요?　　　　(　　)

① 친절한　　　　② 조용한　　　　③ 차분한

④ 지루한　　　　⑤ 느슨한

도움말 ▶ ㉡을 제시된 낱말로 바꾸어 보고, 앞뒤 문장을 살펴보면서 자연스러운지 확인해 보세요.

43

왕오천축국전　　| 혜초

***천축국** 중국에서 인도를 부르던 옛 이름. 오천축은 동서남북 중의 다섯 개 지방으로 나뉜 인도를 한꺼번에 부른 이름이다.

***중천축국** 오늘날 인도의 카나우지 지방.

***수령** 고을을 맡아 다스리던 지방관들을 통틀어 이르는 말.

***공물** 중앙 관청이나 왕궁에 필요한 물건을 얻기 위해 지방에 바치게 한 특산물.

***집행하다** 법률, 명령, 재판, 처분 등의 내용을 실행하다.

***칼** 죄인에게 씌우던 형틀.

***관아** 예전에 벼슬아치들이 모여 나랏일을 처리하던 곳.

***호소하다** 억울하거나 딱한 사정을 남에게 간곡히 알리다.

***험악하다** 인심, 성질, 태도, 생김새 따위가 흉악하다.

***판결하다** 옳고 그름이나 선악을 판단하여 결정하다.

나는 신라의 승려 혜초이다. 지금 중국에서 출발하여 불교가 처음 생겨난 나라인 *천축국으로 가고 있다. 천축국은 다섯 개의 나라로 나누어져 있는데 나는 그중 *중천축국 왕이 사는 성에 도착했다. 성의 이름은 갈나급자이다.

중천축국은 사람이 많고 땅도 넓다. 중천축국의 왕은 ㉠코끼리를 900마리나 가지고 있다. 이곳의 *수령들도 코끼리를 200마리에서 300마리쯤은 가지고 있다. 중천축국의 왕은 전쟁이 일어나면 직접 군사를 이끌고 나와 싸움을 한다. 중천축국과 나머지 네 천축국이 싸우면 언제나 중천축국이 승리한다. 전쟁을 할 때 코끼리가 적고 군대가 약한 나라는 질 것이 뻔하므로 오래 싸우지 않고 곧 화해를 청하며, 화해한 후에는 *공물을 바치고 저항하지 않는다.

오천축국은 언어, 의복, 풍속, 법률이 비슷하고 법을 *집행하는 방식도 비슷한데 죄를 지은 사람이라고 하더라도 벌을 심하게 주지 않는다. 죄인을 때리거나 감옥에 가두지 않고, 죄인의 목에 *칼을 씌우지도 않는다. 잘못한 정도에 따라 벌금을 물리는 것밖에 없으며 사형도 없다.

이 나라의 백성들은 대부분 가난하다. 왕이나 벼슬아치, 몇몇 부자들만이 동물 가죽으로 만든 좋은 옷을 입는다. 중류층 사람들은 아랫도리 하나만 입고, 가난한 사람들은 반조각 정도 되는 작은 천으로 몸을 가린다.

중천축국 왕이 *관아에 나오면, 주변에 백성들이 몰려와 자유롭게 자기 입장을 이야기하거나 억울함을 *호소한다. 그러다 보면 분위기가 *험악해지기도 하는데 왕은 전혀 나무라지 않고 전부 들어 준다. 모든 이야기가 끝나면 왕은 그제야 입을 연다. "너는 옳고, 너는 옳지 않다." 왕의 그 한마디에 모두가 더 말하지 않고 따른다. 불만이 있더라도 왕이 *판결한 후에는 모두가 왕의 말을 따른다.

이 나라의 왕과 수령은 불교에 대한 믿음이 깊어서 부처님과 승려를 매우 공경한다. 왕도 자신의 스승인 승려를 만날 때에는 맨바닥에 자세를 낮추어 앉는다. 이 땅에 있는 소는 모두 흰 소이다. 말과 양은 몹시 귀하여 수령이나 백성은 기르지 못한다. 왕만이 말 6~70필과 양 2~300마리를 가지고 있다. 그리고 이곳 사람들은 마음이 착해 살아 있는 생명을 죽이는 것을 좋아하지 않는다. 그래서 시장에서 고기 파는 가게를 찾을 수 없다.

내용 이해

1 이 글의 핵심 내용을 정리하여 빈칸을 완성하세요.

> 신라의 승려 ☐☐ 가 불교가 처음 생겨난 ☐☐☐ 에 가서 그곳의 풍습과 사람들의 생활 모습을 상세히 기록했다.

내용 이해

2 중천축국에 대한 설명으로 알맞지 <u>않은</u> 것은 무엇인가요? (   )

① 많은 백성들이 가난한 삶을 살고 있다.
② 왕과 수령도 부처님과 승려를 공경한다.
③ 사람들이 살아 있는 생명을 죽이는 것을 좋아하지 않는다.
④ 백성들은 대부분 농사를 짓거나 말과 양을 기르며 살아간다.
⑤ 전쟁이 일어나면 왕이 직접 군사를 이끌고 나와 싸움을 한다.

소재의 의미 파악하기

유형 연습 · 추론

3 ㉠이 상징하는 의미로 알맞은 것을 찾아 선으로 이으세요.

- ① 평화의 상징
- ② 신성함의 상징
- ③ 지혜의 상징
- ④ 힘의 상징

㉠ 코끼리 •

도움말 ▸ 이 글에 나타난 코끼리의 쓰임에 대해 생각해 보세요.

글쓴이의 의도 파악하기

유형 연습 · 추론

4 글쓴이가 이 글을 쓴 의도를 알맞게 짐작한 친구에게 ○표 하세요.

(1) **태준** 자신이 직접 보고 들은 천축국의 풍습과 사람들의 생활 모습을 기록하기 위하여 이 글을 썼어. (   )

(2) **근영** 신라와 천축국을 비교하여 신라가 천축국에서 법을 집행하는 방식을 따를 것을 설득하기 위하여 이 글을 썼어. (   )

(3) **지혜** 천축국을 배경으로 꾸며 낸 이야기로 독자들에게 즐거움을 주기 위하여 이 글을 썼어. (   )

생명의 나무, 맹그로브

1문단 바다와 육지의 *경계에 사는 신비로운 나무에 대해 들어본 적이 있나요? 열대 및 아열대 해안가에서 자생하는 나무인 맹그로브는 *염분이 높고 파도와 바람이 강한 극한 환경에서도 살아남는 놀라운 생명력을 가지고 있습니다. 맹그로브는 열악한 환경에 적응하기 위해 독특한 생태적 특징들을 발달시켰습니다. 실제로 맹그로브는 겉모습부터 *번식 방법까지 다양한 부분에서 다른 식물과 구별되는 특별한 모습을 보입니다.

▲ 맹그로브 나무

2문단 가장 눈에 띄는 것은 뿌리입니다. 문어 다리를 연상시키는 맹그로브의 뿌리는 호흡근이라고 불리는데, 공기 중에서 산소를 빨아들이는 역할을 합니다. 바닷가의 진흙에는 산소가 부족하기 때문에 뿌리를 땅 밖으로 직접 노출시켜 부족한 산소를 채우는 것입니다. 이 독특한 형태의 뿌리는 강한 파도에도 쓰러지지 않도록 나무를 안정적으로 *지탱하는 역할도 합니다.

3문단 맹그로브의 생존 전략은 잎과 가지, 나무껍질에도 숨어 있습니다. 두껍고 *광택이 나는 맹그로브의 잎은 염분샘이라는 작은 구멍을 통해 과도한 염분을 배출하고 수분을 보존합니다. 한 방향으로 가지를 뻗는 보통의 나무들과 달리 여러 방향으로 복잡하게 뻗어나간 맹그로브의 가지는 해안가의 강한 바람과 파도에 견딜 수 있게 합니다. 두껍고 거친 껍질은 외부 자극으로부터 나무를 보호하고 체내의 수분을 유지합니다.

4문단 맹그로브는 번식 방법도 독특합니다. 맹그로브는 식물 가운데 유일하게 새끼를 낳는 태생종입니다. 맹그로브는 씨앗이 나무에 붙어 있을 때 가지의 가장자리에서 싹을 틔워 작은 나무로 키운 후 바닷물로 떨어뜨립니다. 맹그로브가 다른 나무처럼 씨앗을 떨어뜨렸다면 바닷물에 휩쓸려 싹을 틔우기 어려웠을 것입니다. 이는 밀물과 썰물이 *교차하는 해안가에서 생존하기 위한 필수적인 번식 전략입니다. 이러한 번식 방법은 맹그로브가 해안가를 따라 멀리 퍼져 나가는 데에도 도움을 줍니다.

5문단 맹그로브의 놀라운 적응력과 생존 *전략은 ㉠자연의 *경이를 보여주는 훌륭한 예입니다. 그런데 최근에는 수많은 해안가가 관광지로 개발되고 해양 오염이 심해져서 맹그로브 숲이 점점 사라지고 있다고 합니다. 미래 세대에게 이 독특하고 귀중한 생명의 나무를 물려줍시다.

내용 이해

1 이 글의 핵심 내용을 정리하여 빈칸을 완성하세요.

> 맹그로브는 ☐☐ 이 높고 파도와 ☐☐ 이 강한 극한 환경에서도 살아남는 놀라운 ☐☐☐ 을 가진 나무이다.

내용 이해

2 이 글을 읽고 답할 수 있는 질문이 <u>아닌</u> 것은 무엇인가요?　　　　　(　　　　)

① 맹그로브 나무의 뿌리는 어떤 역할을 하나요?
② 맹그로브 나무의 가지에는 어떤 특징이 있나요?
③ 맹그로브 나무의 꽃이 피는 시기는 언제인가요?
④ 맹그로브 나무의 잎은 염분을 어떻게 배출하나요?
⑤ 맹그로브 나무는 어떤 방식으로 번식하나요?

유형 연습
추론+창의

다른 갈래로 바꾸기

3 이 글을 [보기]와 같이 시로 바꾸어 쓸 때 고려할 점으로 알맞은 것은 무엇인가요?　(　　　　)

> **보기**
>
> 맹그로브는 바다가 두렵지 않아　　　　맹그로브야 멀리멀리 퍼져서
> 거친 파도에도 흔들리지 않지　　　　온 세상을 지키는 생명의 나무가 되렴
>
> 맹그로브는 뿌리로 숨쉬며
> 생명의 터전을 굳건히 지키지

① 정확하고 객관적인 표현을 사용한다.
② 주장을 구체적인 근거로 뒷받침한다.
③ 자신의 경험과 느낌을 솔직하게 표현한다.
④ 지나치게 단정적인 표현을 사용하지 않는다.
⑤ 같은 낱말이나 글자를 반복하여 운율을 살린다.

유형 연습
추론+창의

구체적인 상황에 적용하기

4 ㉠의 구체적인 사례로 알맞은 것에 ○표 하세요.

(1) 중국의 자이언트 판다는 서늘하고 습한 쓰촨성 일대의 산악 지역에서만 서식하며, 기온이 높아지면 열 스트레스를 받아 정상적으로 활동하지 못합니다.　　　　　(　　　　)

(2) 물이 부족한 사막에 사는 선인장은 줄기를 두껍게 하여 물을 저장하는 대신, 잎을 가시 형태로 변형하여 수분 손실을 막습니다.　　　　　(　　　　)

불개 이야기

옛날 옛적에 해도 달도 없는 어둠의 나라가 있었습니다. 어둠의 나라 사람들은 밤도 낮도 없이 늘 캄캄한 어둠 속에서 살았지요. 매일 넘어지고 *부딪히고……. 빛이 없으니 불편한 점이 한둘이 아니었어요. 답답했던 사람들은 임금님을 찾아가 눈물을 흘리며 말했습니다.

"임금님, 이제 환한 세상에서 살고 싶습니다. 제발 빛을 구해 주세요."

임금님은 어떻게 빛을 구할지 고민했습니다. 그때 한 신하가 이렇게 말했습니다.

"임금님, 저 아래 세상에는 낮과 밤을 밝혀 주는 해와 달이 있다고 합니다. 불개를 시켜 그중 하나를 가져오게 하면 어떨까요?"

그 이야기를 들은 임금님은 옳거니 하며 무릎을 쳤습니다. 어둠의 나라에 사는 불개는 불을 물어도 뜨거워하지 않아서 해와 달을 가져올 수 있을 것 같았거든요. 임금님은 그 길로 가장 용맹한 불개를 불러 당장 해를 물어 오라고 명령을 내렸습니다.

어둠의 나라를 떠난 불개는 먼 길을 달려 마침내 해를 찾았습니다. 하지만 *이글이글 불타는 해는 너무 뜨겁고 눈부셔서 가까이 가기 어려웠어요. 불개는 두 눈을 *질끈 감고 몸을 던져 가까스로 해를 물었지만 곧바로 뱉어 내야 했습니다. 해가 어찌나 뜨거운지 입안이 다 타 버릴 것 같았거든요. 불개는 포기하지 않고 몇 번이나 해를 물어 봤지만 모두 실패였습니다. 결국 빈손으로 돌아온 불개에게 임금님은 *불호령을 내렸습니다.

"해가 안 되면 달이라도 가져오너라!

불개는 달을 향해 다시 먼 길을 달렸습니다. 차갑게 빛나는 달 앞에 도착한 불개는 몸이 으슬으슬 떨리는 걸 느꼈지만 달을 향해 용맹하게 몸을 던졌습니다. *가까스로 달을 입에 문 불개는 또 곧바로 달을 뱉어 냈습니다. 달은 너무 차가워서 입안이 얼어붙을 것 같았거든요. 불개는 몇 번이고 달을 물고 뱉다가 더는 입을 벌릴 수도 없을 만큼 완전히 지친 후에야 어둠의 나라로 *발길을 돌렸습니다.

이번에도 빈손으로 나타난 불개에게 화가 난 임금님은 다른 불개를 불러 해와 달을 물어 오도록 했지만 어떤 불개도 해와 달을 물어 오지 못했습니다. 해는 너무 뜨겁고 달은 너무 차가웠거든요. 빛을 포기하지 못한 임금님은 지금도 계속 불개를 불러 해나 달을 물어 오라고 명령을 내린다고 해요.

내용 이해

1 이 글의 핵심 내용을 정리하여 빈칸을 완성하세요.

> 옛날 옛적 어둠의 나라의 임금님이 ☐☐에게 해와 달을 가져오라고 했는데, ☐는 너무 뜨겁고 ☐은 너무 차가워서 결국 가져오지 못했다.

내용 이해

2 어둠의 나라로 돌아온 불개에 대한 임금님의 반응으로 알맞은 것은 무엇인가요?　（　　　）

① 임금님은 불개의 용기를 칭찬했다.
② 임금님은 불개에게 크게 화를 냈다.
③ 임금님은 불개에게 포기하라고 했다.
④ 임금님은 불개를 도울 방법을 찾았다.
⑤ 임금님은 불개 대신에 다른 동물을 보냈다.

유형 연습　**추론**

인물의 의도 파악하기

3 불개의 행동에 담긴 의미를 알맞게 짐작한 친구에게 ○표 하세요.

(1) **채연**　불개는 어렵고 힘든 상황에서도 임금님의 명령을 따르기 위해 최선을 다했어. 이는 불개의 깊은 충성심이 드러나는 행동이야.　（　　　）

(2) **주원**　불개는 임금님의 근심을 덜어 주기 위해 해와 달을 가지러 떠났어. 이는 불개가 임금님과의 우정을 지킨 행동이야.　（　　　）

유형 연습　**추론+창의**

구체적인 상황에 적용하기

4 이 글과 **보기**를 읽고 빈칸에 들어갈 내용으로 알맞은 것을 고르세요.　（　　　）

보기

　　불개 이야기는 1900년대 초 민간에 널리 퍼져 있던 옛이야기를 기록한 것으로, 과학 지식이 부족했던 옛날 사람들이 일식과 월식이라는 자연 현상을 이해하고 설명하려 했던 노력을 보여 준다. 이 이야기를 통해 사람들은 （　㉮　） 개기 일식과 개기 월식을 강한 불개가 해나 달을 완전히 삼킨 것으로 이해했다. 반면 （　㉯　） 부분 일식과 부분 월식은 약한 불개가 해나 달을 약간만 문 것이라고 이해했다.

① ㉮ : 해와 달이 완전히 가려지는　　㉯ : 해와 달의 일부만 가려지는
② ㉮ : 해와 달이 모두 가려지는　　㉯ : 해와 달 중 하나만 가려지는
③ ㉮ : 해와 달의 일부만 가려지는　　㉯ : 해와 달이 완전히 가려지는

도움말 ▶ 불개가 해와 달을 물면 우리 눈에는 해와 달이 어떻게 보일지 생각해 보세요.

어버이날에 왜 카네이션을 선물할까?

어휘 풀이

*이국적 자기 나라가 아닌 다른 나라에 특징적인 것.

*자생종 어떤 지역에 옛날부터 저절로 퍼져서 살고 있는 고유한 종(種).

*강점기 남의 물건, 영토, 권리 따위를 강제로 차지한 시기.

*풍습 풍속과 습관을 아울러 이르는 말.

*추도식 죽은 사람을 생각하며 슬퍼하고 그리워하는 마음을 나누기 위해 치르는 의식.

*시초 맨 처음.

*고군분투하다 남의 도움을 받지 않고 힘에 벅찬 일을 잘해 나가다.

*품귀 현상 물건이나 상품을 구하는 것이 어려워지는 현상.

*수용하다 어떤 것을 받아들이다.

*예우하다 예의를 지켜 정중하게 대우하다.

1문단 매년 5월이 되면 불티나게 팔리는 꽃이 있다. 어버이날과 스승의 날 선물로 빠져서는 안 되는 꽃, 카네이션이다. *이국적인 이름에서도 알 수 있듯이 카네이션은 옛날부터 우리 땅에서 살아온 *자생종 꽃은 아니다. 기록마다 차이는 있지만 카네이션이 한반도에 들어온 시기는 대략 일제 *강점기 이후라고 한다. 그러면 어버이날에 빨간 카네이션을 선물하는 풍습은 언제, 어디에서 시작되었을까?

2문단 어버이날 ㉠카네이션을 선물하는 *풍습은 20세기 초, 미국 웨스트버지니아주에서 시작되었다. 이곳에 사는 안나 자비스라는 여성이 ㉡돌아가신 어머니를 기리기 위해 연 *추도식에서 카네이션을 바친 것이 그 *시초이다. 카네이션은 안나의 어머니 앤 자비스가 생전에 좋아했던 꽃이었다.

▲ 카네이션 브로치를 선물하는 모습

3문단 안나는 ㉢전쟁으로 가족을 잃은 슬픔을 위로하기 위해 '어머니들의 우정의 날'을 만들었던 어머니의 뜻을 받들어 '어머니의 날'을 국가 기념일로 만들기 위해 노력했다. 그녀는 신문에 글을 쓰고, 국회의원들에게 편지를 보내는 등 여러 방면으로 *고군분투했다. 그 결과 1914년, 당시 미국 대통령 토머스 우드로 윌슨이 5월 둘째 주 일요일을 어머니의 날로 지정했다.

4문단 어머니의 날이 국가 기념일이 되면서 카네이션을 선물하는 전통이 널리 퍼졌다. 그리고 이때부터 카네이션에 어머니에 대한 사랑과 존경의 의미가 더해졌다. 본래 안나가 어머니께 바친 카네이션은 흰색이었으나 사람들이 모두 흰 카네이션을 사려고 한 탓에 흰 카네이션 *품귀 현상이 벌어졌다. 그래서 돌아가신 어머니께는 흰 카네이션을 드리고, 살아 계신 어머니께는 빨간 카네이션을 드리는 풍습이 생겼다.

5문단 우리나라에서는 1956년, 미국의 풍습을 *수용하여 어머니의 날을 국가 공식 기념일로 지정했다. 1973년에는 어머니와 아버지를 모두 포함하는 '어버이날'로 명칭을 변경했고, 이후로 부모님께 카네이션을 드리는 풍습이 자리 잡았다. 그런데 우리나라에는 예부터 스승을 부모와 같이 존경하고 *예우하는 문화가 있었기에, 스승의 날에도 어버이날처럼 카네이션을 선물하게 되었다고 한다.

내용 이해

1 이 글의 핵심 내용을 정리하여 빈칸을 완성하세요.

> 어버이날에 부모님께 ☐☐☐☐ 을 선물하는 전통은 미국의 ☐☐☐ 의 날에서 유래했다.

내용 이해

2 이 글의 내용으로 알맞은 것을 고르세요 (   )

① 1914년, 미국인 앤 자비스가 어머니의 날을 만들었다.
② 카네이션은 옛날부터 우리 땅에 살아온 자생종 꽃이다.
③ 오늘날 미국에서는 어머니의 날에 돌아가신 어머니께 빨간 카네이션을 드린다.
④ 어머니의 날이 만들어지면서 카네이션에 사랑과 존경의 의미가 더해졌다.
⑤ 우리나라에서는 1973년, 미국의 풍습을 들여와 어버이날을 만들었다.

유형 연습
추론

낱말의 뜻 짐작하기

3 '추도식'의 뜻을 짐작하는 데 도움이 되는 말을 골라 ○표 하세요.

(1) ㉠ 카네이션을 선물하는 풍습

(2) ㉡ 돌아가신 어머니를 기리기 위해

(3) ㉢ 전쟁으로 가족을 잃은 슬픔

유형 연습
추론

글쓴이의 의도 파악하기

4 글쓴이가 이 글을 쓴 의도를 가장 알맞게 짐작한 친구에게 ○표 하세요.

(1) **주연** 미국에서 시작된 어머니의 날과 우리나라의 어버이날이 어떻게 다른지 알려 주기 위해 쓴 글이야. (   )

(2) **유진** 어버이날이 우리나라의 효 사상에서 시작되었음을 알려 주기 위해 쓴 글이야. (   )

(3) **희성** 어버이날에 카네이션을 선물하는 풍습이 어떻게 생겨났는지 알려 주기 위해 쓴 글이야. (   )

도움말 이 글의 중심 내용이 무엇인지 생각해 보세요.

자전거 경주의 꽃, 투르 드 프랑스

1문단 매년 7월, 프랑스에서는 약 3주에 걸쳐 투르 드 프랑스(le Tour de France, 프랑스 일주)라는 이름의 자전거 대회가 열립니다. 이 대회는 1903년, 프랑스의 스포츠 신문인 『로토벨로』의 편집장 앙리 데그랑주에 의해 *창설되었습니다. 앙리 데그랑주는 다른 신문사와의 경쟁에서 우위를 점하고 신문 판매를 *촉진하기 위해 대회를 *기획했습니다. 그의 예상대로 대회가 시작되자 신문의 판매량은 급증했습니다. 투르 드 프랑스는 세계에서 가장 유명하고 권위 있는 자전거 대회가 되어 120년 넘게 이어지고 있습니다.

2문단 대회의 참가자들은 프랑스 *전역과 *인접한 다른 나라의 아름다운 풍경을 만끽하며 3500킬로미터나 되는 긴 거리를 달립니다. 경기는 전체 거리를 21개 구간으로 나누어 하루씩 진행되며, 대개 파리의 서쪽 도시에서 시작해 시계 반대 방향으로 프랑스를 한 바퀴 돈 뒤 다시 파리로 돌아오게 됩니다.

3문단 이 대회의 흥미로운 점은 21개의 구간이 평지, 언덕, 산길 등 다양한 *지형으로 이루어져 있다는 것입니다. 대회에서는 전체 구간을 가장 빠르게 통과한 종합 우승자를 가릴 뿐 아니라 각 지형과 선수들의 특성 등 여러 가지를 고려하여 다양한 부분에서 상을 줍니다. 그 덕분에 선수들은 더욱 열정적으로 경기에 *임하게 되고, 경기를 지켜보는 관중의 흥미도 더 높아집니다.

4문단 투르 드 프랑스에는 여러 가지 상징 요소가 있습니다. 그중 가장 대표적인 것은 1919년부터 시작된 전통인 '스페셜 *저지'입니다. 구간의 경기가 끝날 때마다 각 분야 최고 선수들에게 각기 다른 색깔의 저지가 주어지는데 이것들은 각기 다른 의미를 지닙니다. 노란색은 전체 기록 1위 선수에게 주는 챔피언의 색깔이고, 초록색은 평지를 가장 빠르게 달린 선수에게 선사되어 빠른 스피드를 상징합니다. 빨간 점무늬는 산악 지대에서 가장 높은 점수를 얻은 선수를 위한 것으로 ㉠험준한 경로를 극복한 강인함을 상징합니다. 하얀색은 만 26세 이하의 젊은 선수 중 가장 뛰어난 이에게 주는 색깔입니다.

5문단 투르 드 프랑스는 단순한 스포츠 대회를 넘어 프랑스 문화를 상징하는 행사로 자리 잡았습니다. 매년 수백만 관중이 응원에 참여하고, 대회가 전 세계로 *중계되어 수억 명의 시청자가 경기를 지켜봅니다. 지금도 투르 드 프랑스는 프랑스의 아름다운 풍경과 뛰어난 문화를 전 세계에 알리고 있습니다.

▲ 2021년 투르 드 프랑스 대회

내용 이해 **1** 이 글의 핵심 내용을 정리하여 빈칸을 완성하세요.

> 투르 드 프랑스는 매년 7월 프랑스에서 열리는 세계적인 ☐☐☐ 대회로,
>
> 다양한 구간에서 실력을 겨루며, 스페셜 저지의 ☐☐ 로 선수의 성과를 나타낸다.

내용 이해 **2** 투르 드 프랑스에 대한 설명으로 알맞은 <u>않은</u> 것은 무엇인가요? ( )

① 매년 7월에 프랑스에서 열리는 대회이다.
② 21개의 구간이 모두 평지로 구성되어 있다.
③ 프랑스의 문화를 상징하는 행사로 자리 잡았다.
④ 각 분야의 최고 선수들에게 스페셜 저지를 준다.
⑤ 프랑스 스포츠 신문사의 편집장에 의해 창설되었다.

유형 연습 **추론**

낱말의 뜻 짐작하기

3 ㉠의 뜻으로 알맞은 것에 ○표 하세요.

(1) 지형이 험하며 높고 가파르다.

(2) 경사가 급하지 않다.

(3) 막힌 데 없이 넓게 트여 있다.

유형 연습 **추론+창의**

다른 갈래로 바꾸기

4 이 글과 보기 를 읽고, 보기 갈래의 특징으로 알맞지 <u>않은</u> 것을 고르세요. ( )

보기

2024년 7월 2일, 맑음.

　드디어 투르 드 프랑스 경주의 첫 번째 구간이 끝났다. 힘든 도전이었지만 오늘은 나에게 정말 뜻깊은 날이다. 만 26세 이하의 선수들 가운데 가장 높은 점수를 얻어서 하얀색 저지를 받았기 때문이다. 하얀색 저지를 입은 내 모습이 정말 멋지게 느껴졌다. 다음 구간에서는 더 높은 목표를 향해 최선을 다해야겠다.

① 글쓴이 개인이 겪은 경험을 쓴 글이다.
② 자신의 하루를 되돌아보면서 성찰하는 글이다.
③ 언제 일어난 일인지 알 수 있도록 날짜를 쓴다.
④ 읽는 이의 관심사와 이해 수준을 고려하여 쓴다.
⑤ 글쓴이의 생각이나 감정을 솔직하게 표현한다.

현금 없는 사회

1문단 전 세계적으로 현금 사용이 급격히 감소하고 있다. 신용카드, 모바일 결제 앱, 디지털 지갑 등 현금을 대신할 다양한 결제 수단이 등장하면서 소비자들이 더 편리하고 안전한 디지털 결제 방식을 선호하게 된 것이다. 스마트폰 보급률이 높고 디지털 결제 기술이 발전한 우리나라는 다른 나라보

▲ 카드 단말기

다 현금 사용 비중이 더 낮다. 실제로 전국 곳곳에서 현금 결제를 거부하는 가게가 늘고 있고, 최근에는 전국의 지방자치단체들이 버스 이용료로 동전이나 지폐를 받지 않는 '현금 없는 버스'를 도입 중이다.

2문단 지구촌이 이토록 빠르게 '현금 없는 사회'로 나아가는 이유는 이 시스템이 가진 여러 장점 때문이다. ㉠첫 번째는 *편의성이다. 현금 대신 스마트폰이나 카드로 결제하면 현금을 챙겨 다니느라 신경 쓰지 않아도 되고, 무거운 동전을 갖고 다닐 필요도 없다. ㉡두 번째는 안전성이다. 현금은 도난이나 분실의 위험이 큰 데 비해, 디지털 결제 시스템은 비교적 더 안전한 보안 장치를 제공한다. 또 필요할 경우 거래 내역을 *추적하거나 취소할 수 있어 금전적 피해를 줄일 수 있다. ㉢세 번째는 *투명성이다. 디지털로 이루어진 거래는 기록이 남기 때문에 금융 거래의 투명성이 높아진다. 이는 자금 세탁, *탈세 등 각종 금융 범죄를 예방하는 데 도움이 되고, 소비 습관을 분석하는 데 쓰여 돈을 효율적으로 관리할 수 있게 한다.

3문단 하지만 현금 없는 사회에 대한 우려도 있다. 먼저 현금 사용을 갑자기 중단하면 *고령층이나 *저소득층의 *금융 *소외 문제를 일으킬 수 있다. 고령층은 새로운 기술에 적응하기 어려울 수 있고, 저소득층은 스마트 기기의 구매 및 유지 비용이 부담이 되기 때문이다. 두 번째는 개인 정보 유출 문제와 금융 사기 위험이 있다는 점이다. 해킹으로 디지털 기기에 저장된 개인 정보가 유출될 수도 있고, 그 정보가 범죄의 *빌미가 되기도 한다. 마지막으로 인터넷 시스템이 불안정하면 커다란 불편이 따른다는 점이다. 현금 결제 서비스는 인터넷에 크게 의존하기 때문에 자연재해나 전쟁, 정전 등으로 결제 시스템에 문제가 생길 경우, 경제 활동 전체가 *마비될 위험이 있다.

4문단 이처럼 현금 없는 사회는 장점도 많지만 문제점도 많다. 따라서 현금 없는 사회로 나아가기 위해서는 *취약 계층을 위한 대안을 마련하고 보안 기술을 강화하는 등 단계적으로 신중하게 접근해야 한다.

어휘 풀이

*편의성 형편이나 조건 등이 편하고 좋은 특성.

*추적하다 사물의 자취를 더듬어 가다.

*투명성 일의 상황이나 성질 등이 감추어지는 것 없이 깔끔하고 분명한 성질.

*탈세 납세자가 세금의 전부 또는 일부를 내지 않는 일.

*고령층 사회 구성원 가운데 중년이 지난, 썩 나이가 많은 사람들을 통틀어 이르는 말.

*저소득층 소득과 소비 수준이 낮은 계층.

*금융 금전(돈)을 융통하는 일. 특히 이자를 붙여서 돈을 빌려주고 돌려 받는 것과 관계된 일을 말한다.

*소외 어떤 무리에서 따돌리거나 멀리함.

*빌미 재앙이나 탈 따위가 생기는 원인.

*취약 무르고 약함.

내용 이해

1 이 글의 핵심 내용을 정리하여 빈칸을 완성하세요.

> ☐☐ 없는 사회로의 변화는 여러 가지 ☐☐ 이 있지만 문제점도 많으므로,
>
> ☐☐☐ 을 위한 대안을 마련하고 ☐☐ 기술을 강화해야 한다.

내용 이해

2 이 글의 내용으로 알맞은 것은 무엇인가요?　　　　　　　　　　(　　)

① 디지털 결제는 해킹의 위험이 없다.
② 현금 거래는 개인정보 유출의 위험이 있다.
③ 고령층은 새로운 기술에 적응하기 어려울 수 있다.
④ 현금을 사용하면 도난이나 분실의 위험이 줄어든다.
⑤ 디지털 결제 시스템은 모든 사람에게 무료로 제공된다.

유형 연습
추론+비판

상반된 관점 분석하기

3 이 글을 읽고 현금 없는 사회에 찬성하는 근거에는 '찬'을, 반대하는 근거에는 '반'을 쓰세요.

(1) 현금을 챙기느라 신경 쓰지 않아도 되고 무거운 동전을 갖고 다닐 필요가 없다. (　　)
(2) 저소득층에게는 스마트 기기를 구매하고 유지하는 비용이 부담이 된다. (　　)
(3) 인터넷 결제 시스템에 문제가 생길 경우 경제 활동이 마비될 수 있다. (　　)
(4) 거래 기록이 남으면 자금 세탁, 탈세 등의 금융 범죄를 예방할 수 있다. (　　)

유형 연습
추론+비판

근거의 타당성 평가하기

4 ㉠~㉢에서 제시된 근거의 타당성을 가장 알맞게 평가한 친구에게 ○표 하세요.

(1) **가영** ▶ ㉠에서 편의성을 장점으로 말했는데, 나는 현금을 챙겨 다니는 것이 그다지 불편
하지 않기 때문에 타당한 근거가 아니야. (　　)

(2) **지훈** ▶ ㉡에서 안전성을 장점으로 말했는데, 디지털 거래에서는 암호를 입력하거나 지문
인증을 하는 등 보안 기술을 사용하니까 타당한 근거가 맞아. (　　)

(3) **준우** ▶ 거래 기록을 남기는 것은 개인의 자유를 침해하므로 ㉢의 투명성은 디지털 결제
의 장점이 될 수 없어. (　　)

도움말 ▶ ㉠~㉢ 뒤에 나오는 예시를 읽어보고 ㉠~㉢이 타당한 근거인지 바르게 판단해 보세요.

한 미국 병사가 아들에게 쓴 편지

사랑하는 내 아들아

너의 첫 번째 생일을 맞아 이렇게 편지를 쓴단다. 너에게 줄 편지에 '사랑하는 내 아들아' 하고 첫 줄을 쓸 때부터 정말 큰 기쁨이 느껴지는구나.

아들아, 아빠는 너에 대한 그리움이 무척 깊단다. 엄마가 보내 준 편지에서 너의 소식을 많이 들었지. 너의 웃음과 작은 몸짓까지도 너무나 예쁘다며 엄마는 온통 네 자랑뿐이더구나. 아빠도 예쁜 너의 모습이 너무 보고 싶구나.

㉠아빠는 오늘 너에게 *전쟁 이야기를 해 주려고 해. 우리는 너무 쉽게 전쟁의 아픔을 잊어버리는 것 같아. 세월이 흐르면 사람들은 그저 유명한 장군의 이름과 전쟁이 일어난 날짜 정도만 기억하게 되겠지. ㉡하지만 너는 전쟁의 아픔을 잊지 않는 사람이 되기를 바란다. 아무리 훌륭한 이유로 전쟁을 벌였다 하더라도 전쟁은 세상의 모든 *비극 중 가장 끔찍한 비극이기 때문이다.

아들아, 세상에는 너처럼 사랑받으며 자라는 아이들도 있지만, 전쟁 때문에 고통받는 아이들도 있단다. ㉢아빠는 전쟁 때문에 태어난 지 며칠, 몇 달 만에 죽는 아이들을 보았어. 부모님도 잃고 집도 잃은 아이들, 팔다리를 잃고 괴로움 속에 살아갈 아이들도 보았지. ㉣전쟁터에서 울던 네 또래의 아이들을 잊을 수가 없구나.

네가 자라서 어른이 되면 목숨을 *빼앗는 일보다 목숨을 구하는 일이, 파괴하는 일보다 *건설하는 일이 훨씬 위대하다는 것을 사람들이 알게 해 주렴. 빼앗는 일보다 *베푸는 일이 훨씬 행복하다는 걸 가르쳐 주는 사람이 되렴.

㉤아들아, 지금 네 곁에 아빠가 없어서 슬플지도 모르겠구나. 아빠가 왜 옆에 없는지 궁금하기도 하겠지. 전쟁은 많은 슬픔을 만들어 낸단다. 지금 세상의 수많은 아빠와 아들이 전쟁으로 목숨을 잃고 있어. 우리가 잠시 못 보는 것은 그에 비하면 모래알처럼 작은 슬픔이란다.

아빠는 지금 너의 사진을 보고 있어. 아빠는 네가 자랑스럽구나. 아빠는 너의 길을 지켜보며 항상 응원할 거란다. 다시 한번 생일을 축하하고, 너와 너의 친구들이 미래를 향해 나아갈 때 항상 하느님께서 함께하시기를 기도한다.

1945년 1월 18일

아빠가

어휘 풀이

*전쟁 국가와 국가, 또는 단체 사이에 무력을 사용하여 싸움.

*비극 인생의 슬프고 애달픈 일을 당하여 불행한 경우를 이르는 말.

*빼앗다 남의 것을 억지로 제 것으로 만들다.

*건설하다 건물이나 시설 등을 세우다. 조직을 새로 이룩하다.

*베풀다 남에게 돈을 주거나 일을 도와주어서 혜택을 받게 하다.

내용 이해

1 이 글의 핵심 내용을 정리하여 빈칸을 완성하세요.

> 전쟁터에 나간 아빠가 ☐☐ 의 첫 번째 생일을 축하하면서, 아들이 ☐☐ 의 아픔을 잊지 않고 평화의 중요성을 알려 주는 사람이 되길 바라며 쓴 ☐☐ 이다.

내용 이해

2 이 글의 내용으로 알맞은 것에 모두 ○표 하세요.

(1) 전쟁 중에도 아이들은 충분한 보호를 받는다. ( )

(2) 전쟁은 세상의 모든 비극 중 가장 끔찍한 비극이다. ( )

(3) 훌륭한 이유로 일으킨 전쟁은 비극이라고 볼 수 없다. ( )

(4) 목숨을 빼앗는 일보다 목숨을 구하는 일이 더 위대하다. ( )

유형 연습
추론

글쓴이의 의도 파악하기

3 ㉠~㉤ 중에서 아들에게 바라는 바가 구체적으로 드러난 문장은 무엇인가요? ( )

① ㉠　　　② ㉡　　　③ ㉢　　　④ ㉣　　　⑤ ㉤

> **도움말** 이 글에서 글쓴이가 어떤 이야기를 하고 싶다고 말했고, 실제로 무엇에 대해 이야기하는지 살펴보세요.

유형 연습
추론+비판

상반된 관점 분석하기

4 이 글의 관점과 반대되는 의견을 말한 친구를 골라 ○표 하세요.

(1) **수영** 전쟁은 많은 사람의 생명과 인권을 위협하는 끔찍한 일이야. ( )

(2) **준영** 전쟁이 끝난 뒤에도 전쟁의 고통은 참혹한 후유증을 남길 수 있어. ( )

(3) **호영** 전쟁은 역사책 속의 이야기니까 우리 앞의 밝은 미래만 생각하자. ( )

노인과 바다 | 어니스트 헤밍웨이

| 앞부분 줄거리 | 쿠바 연안에서 혼자 사는 늙은 어부 산티아고는 84일 동안 고기를 한 마리도 잡지 못했다. 사람들은 그에게 운이 다했다고 하지만 산티아고는 포기하지 않고 작은 돛단배에 몸을 실은 채 고기를 잡기 위해 먼 바다로 나섰다.

점점 햇살이 뜨거워졌다. 노를 저을 때마다 노인의 등줄기로 땀이 흘러내렸다.

'이제 노는 그만 젓고 잠이나 한숨 자야겠다. 그나저나 오늘이 85일째 되는 날이니 뭐라도 꼭 낚아야 하는데…….'

이런 생각을 하던 *찰나에 물 위에 나와 있던 초록색 막대기가 물속으로 쑥 들어갔다.

"그렇지!"

㉠노인은 살며시 노를 내려놓았다. 그리고 낚싯줄을 조심스럽게 잡았다. 낚싯줄에서 떨리는 느낌이 왔다. 아직은 무게감이 느껴지지 않았다. 하지만 노인은 그 떨림이 무엇인지 정확하게 알 수 있었다. 깊은 바닷속에서 *청새치가 *미끼로 달아 놓은 정어리 새끼들을 먹고 있는 것이리라.

'지금 계절이라면 굉장히 큰 놈이 분명해. 고기야 마음껏 먹어라. 너나 미끼나 얼마나 싱싱하겠느냐. 어두운 물속에서 한 바퀴 돌고 다시 와서 망설이지 말고 어서 먹어라.'

노인은 낚싯줄이 당겨지는 느낌이 점점 강해진다고 느꼈다. 아마도 낚싯바늘에 걸린 정어리를 뜯어내는 모양이었다. 그러다 다시 *잠잠해졌다. 그런 다음 아무 일도 없었다.

노인은 낚싯줄을 잡은 채 다른 낚싯줄의 움직임에도 *시선을 주었다. 고기가 다른 낚싯줄에 있는 미끼도 건드릴 수 있기 때문이었다. 다시 아까처럼 무언가 살짝 당기는 느낌이 났다.

"하느님, 제발 미끼를 물게 해 주소서!"

그러나 고기는 미끼를 물지 않고 가 버렸다.

㉡"그냥 갈 리가 없는데……. 그놈은 절대 그냥 가지 않을 거야. 아마 물속을 한 바퀴 도는 중이겠지. 어쩌면 얼마 전에 낚싯바늘에 걸려 본 녀석이라 망설이는 걸지도 몰라."

잠시 후, 다시 낚싯줄에 당겨지는 느낌이 나자 노인은 기분이 좋아졌다.

"그것 봐! 그냥 한 바퀴 돈 거야. 틀림없이 덤벼들어 먹을 거야."

바로 그때, 뭔가 억세고 믿을 수 없을 만큼 *묵직한 것이 낚싯줄을 당기는 느낌이 들었다. 그것은 틀림없이 커다란 고기의 무게였다.

어휘 풀이

*찰나 어떤 일이나 사물 현상이 일어나는 바로 그때.

*청새치 사람이 먹을 수 있는 황새칫과의 바닷물고기. 몸길이는 3미터 정도이며, 검푸른 색이 난다. 주둥이가 좁고 창날처럼 길다.

*미끼 낚시 끝에 꿰는 물고기의 먹이.

*잠잠하다 분위기나 활동이 소란하지 않고 조용하다.

*시선 눈이 가는 길. 또는 눈의 방향. 주의나 관심을 비유적으로 이르는 말.

*묵직하다 다소 큰 물건이 보기보다 제법 무겁다.

내용 이해

1 이 글의 핵심 내용을 정리하여 빈칸을 완성하세요.

> 오랫동안 물고기를 잡지 못한 늙은 ⬜⬜ 가 포기하지 않고 ⬜⬜ 에 나갔다가
>
> 커다란 ⬜⬜⬜ 를 낚을 기회를 얻는다.

내용 이해

2 이 글의 내용으로 알맞은 것은 무엇인가요? ( )

① 노인은 동료들과 함께 노를 저었다.
② 노인은 낚싯줄이 떨리는 느낌이 나자 겁이 났다.
③ 노인은 배를 다른 장소로 옮겨야겠다고 생각했다.
④ 노인은 정어리를 잡을 미끼로 청새치를 매달아 놓았다.
⑤ 노인은 물고기가 물속에서 한 바퀴 돌고 있다고 생각했다.

인물의 의도 파악하기

유형 연습
추론

3 노인이 ㉠처럼 행동한 의도로 가장 알맞은 것에 ○표 하세요.

(1) 물고기가 미끼를 물지 않아서 집으로 돌아가려고

(2) 조용히 배를 세우고 낚시에 집중하기 위해서

(3) 잠시 휴식을 취하면서 체력을 보충하기 위해서

도움말 인물의 다음 행동이 무엇인지 살펴보세요.

글쓴이의 의도 파악하기

유형 연습
추론

4 글쓴이가 ㉡을 쓴 의도를 알맞게 짐작한 친구를 모두 골라 ○표 하세요.

(1) **선희** 노인의 인내심과 희망을 보여 주려는 의도 같아. 부정적인 상황에서도 절망하지 않고, 물고기를 잡을 수 있을 거라고 생각하잖아. ( )

(2) **가영** 노인의 풍부한 경험과 지혜를 보여 주려는 의도 같아. 노인은 오랫동안 바다에서 낚시한 경험으로 물고기의 다음 행동을 예측하고 있어. ( )

(3) **소진** 노인의 과학적인 분석력을 보여 주려는 의도 같아. 노인은 물고기가 미끼를 물지 않고 망설이는 이유를 객관적으로 분석하고 있잖아. ( )

발효와 부패

1문단 식빵에 곰팡이가 피면 바로 버려야 하는데, 곰팡이로 뒤덮인 메주는 어떻게 장을 담그는 재료가 될까? 또 대개의 음식은 며칠만 지나도 상해서 못 먹는데, 술이나 김치, 치즈 같은 건 어떻게 몇 년이 지난 후에도 맛있게 먹을 수 있는 걸까? 이 질문의 대답은 바로 발효와 부패의 차이에 있다.

2문단 사실 발효와 부패는 모두 곰팡이나 세균과 같은 *미생물이 *유기물을 *분해하는 과정이다. 화학적인 과정만 보면 *동일한 현상인 셈이다. 그러면 둘은 어떤 점에서 다를까? 발효와 부패를 가르는 *기준은 '미생물이 유기물을 분해하는 과정에서 생긴 물질이 우리 인간에게 어떤 영향을 미치는가?'이다. 다시 말해 미생물이 인간에게 *유해한 물질을 만들면 부패, *유익한 물질을 만들면 발효가 된다.

3문단 발효와 부패의 또 다른 차이는 부패는 특별한 조건 없이 자연 상태에서 저절로 일어나지만, 발효는 특별한 조건과 환경을 갖추었을 때만 일어난다는 사실이다. 우유를 그냥 두면 심한 악취를 내며 부패하지만 우유에 유산균과 효소 등을 넣고 적당한 온도를 맞추어 주면 치즈가 되는 것처럼 말이다.

4문단 인간에게 유익한 발효는 음식의 맛과 향, 질감을 좋게 만들고, 음식을 오랫동안 보존할 수 있게 한다. 발효를 돕는 대표적인 미생물로는 효모와 유산균 등을 들 수 있다. 빵이나 맥주, 와인 등에 풍부한 효모는 음식물 속 당분을 분해해서 이산화 탄소와 에탄올을 만든다. 이산화 탄소는 빵을 부풀려 부드럽고 포근한 질감을 만들고, 에탄올은 술이나 연료로 쓰인다. 유산균은 음식물 속의 당분을 분해해서 시큼한 맛을 내는 액체인 젖산을 만든다. 젖산은 김치나 요구르트, 치즈 등에 특히 많은데, 우리 몸속의 다른 세균을 죽이고 식품의 부패를 방지하는 *천연 *방부제 역할을 한다. 또 프로바이오틱스 생성을 촉진하여 소화와 장 건강에 도움을 준다.

5문단 부패는 발효와 달리 음식의 질을 떨어뜨리고, 우리 건강에 나쁜 영향을 미친다. 부패가 시작되면 불쾌한 냄새가 나고, 색깔이 변하며, 질감이 흐물흐물해진다. 대표적인 부패균으로는 대장균과 살모넬라균 등을 들 수 있는데, 이것들은 음식물을 분해하는 과정에서 독소를 만들어 식중독과 같은 질병을 *유발하기도 한다.

▲ 부패한 식빵

▲ 발효된 메주

내용 이해

1 이 글의 핵심 내용을 정리하여 빈칸을 완성하세요.

미생물이 유기물을 분해하는 과정에서 인간에게 해로운 물질이 만들어지면 ☐☐ ,

이로운 물질이 만들어지면 ☐☐ 가 된다.

내용 이해

2 이 글의 내용으로 알맞지 <u>않은</u> 것은 무엇인가요? ( )

① 부패균은 식중독 같은 질병을 유발하기도 한다.
② 발효는 음식의 맛과 향, 질감을 좋게 만들어 준다.
③ 젖산은 부패를 방지하는 천연 방부제 역할을 한다.
④ 부패는 특별한 조건과 환경이 갖추어졌을 때 일어난다.
⑤ 효모는 음식물 속의 당분을 분해하여 이산화 탄소를 만든다.

유형 연습
추론+비판

근거의 타당성 평가하기

3 이 글을 읽고 발효 식품이 건강에 좋은 이유를 가장 알맞게 설명한 친구에게 ○표 하세요.

(1) **선희** 발효되면 식품의 칼로리가 높아져서 에너지를 많이 섭취할 수 있기 때문이야.

( )

(2) **진영** 발효되면서 생긴 유익한 미생물이 장 건강을 개선하고 소화를 돕기 때문이야.

( )

(3) **소진** 발효되면서 만들어진 당분이 다른 영양소와 결합해 면역력을 높이기 때문이야.

( )

유형 연습
추론+창의

구체적인 상황에 적용하기

4 이 글과 보기를 읽고 지민이에게 도움이 될 것으로 짐작되는 식품을 모두 골라 ○표 하세요.

보기

지민이는 최근 장 건강이 좋지 않아 자주 복통을 느꼈다. 소화가 잘 되지 않고, 변비와 설사가 반복되면서 일상생활에도 지장이 생겼다. 결국 지민이는 병원에 가서 진료를 받았다. 의사 선생님께서는 유산균이 많은 음식이 도움이 될 것이라고 말씀하셨다.

| 김치 | 스테이크 | 요구르트 | 케이크 |

도움말 ▶ 이 글에서 어떤 음식에 유산균이 많다고 했는지 확인해 보세요.

61

내 기린에게

| 강기원

내 기린에게 노래를 가르쳐 줄래
길고 긴 목으로
노래할 줄 모르는 기린에게
신나는 노래를

내 기린에게 우는 법을 알려 줄래
아무리 슬퍼도, 화나도
울지 않는 기린에게
시원한 울음을

그러고는
귓속말로 얘기해 줄래
㉠'넌 세상에 단 하나뿐인 멋진 기린!'이라고

녀석이 긴 목 *늘어뜨려
내 입 가까이 귀를 대 준다면 말이지
아니, 내가 기린만큼 키가 큰다면 말이지

어휘 풀이

***늘어뜨리다** 사물의 한쪽 끝을 아래로 처지게 하다.

▲ 기린

내용 이해

1 이 시의 핵심 내용을 정리하여 빈칸을 완성하세요.

> 내 기린에게 [ ][ ]와 우는 법을 가르쳐 주고 '넌 [ ][ ]에 단 [ ][ ]뿐인 멋진 기린'이라고 얘기해 주고 싶다는 애정 어린 마음을 표현한 시이다.

내용 이해

2 말하는 이가 기린에게 노래를 가르쳐 주려는 까닭은 무엇인가요? (   )

① 기린이 노래할 줄 모르기 때문이다.
② 기린의 노랫소리가 너무 시끄럽기 때문이다.
③ 내 노래 솜씨를 뽐내고 싶기 때문이다.
④ 기린이 좋아하는 노래를 알고 있기 때문이다.
⑤ 기린을 화나게 하고 싶기 때문이다.

유형 연습 / 추론

글쓴이의 의도 파악하기

3 ㉠의 의도를 짐작한 내용으로 가장 알맞은 것에 ○표 하세요.

(1) 다른 기린들과는 다르게 노래하고 울 줄 아는 내 기린을 칭찬하는 거야. (   )
(2) 좋을 때도 슬플 때도 감정을 표현하지 못하는 게 안타까워서 위로하는 거야. (   )
(3) 소리 없이 조용한 내 기린이 다른 기린에게 모범이 된다는 걸 자랑하는 거야. (   )

유형 연습 / 추론+창의

다른 갈래로 바꾸기

4 이 시를 **보기**와 같이 바꾸어 썼을 때 달라진 점으로 알맞은 것은 무엇인가요? (   )

보기

> 옛날 어느 숲에 긴 목을 가진 기린이 살고 있었습니다. 그런데 기린은 목소리가 나오지 않았어요. 즐거워도 노래할 수 없었고 화가 나도 소리를 낼 수 없었지요. 그러던 어느 날, 한 소년이 숲을 거닐다가 기린을 발견했습니다. 소년은 기린에게 "내가 노래를 가르쳐 줄까?"라고 하고는 신나는 노래를 불러 주고, 또 "내가 우는 법도 알려 줄게."라고 하고는 슬픈 노래를 불렀습니다. 그랬더니 기린은 소리를 낼 수 있게 되었습니다. 소년은 기린의 눈을 바라보며 말했습니다. "넌 세상에 단 하나뿐인 멋진 기린이야!" 그 후로 둘은 친구가 되어 영원히 행복하게 살았답니다.

① 객관적이고 믿을 수 있는 자료를 제시한다.
② 글쓴이의 주장과 근거가 명확하게 드러난다.
③ 인물, 배경, 사건 등이 구체적으로 제시되어 있다.
④ 반복적인 표현을 사용하여 운율을 느낄 수 있다.
⑤ 글쓴이의 개인적인 생각, 감정, 경험 등이 잘 드러난다.

선의의 거짓말에 반대합니다

어휘 풀이

***선의(善意)** 착한 마음, 좋은 뜻.

***의도** 무엇을 하고자 하는 생각이나 계획.

***윤활유** 기계가 맞닿는 부분의 마찰을 덜기 위하여 쓰는 기름.

***신뢰** 굳게 믿고 의지함.

***악영향** 나쁜 영향.

***수행하다** 생각하거나 계획한 대로 일을 해내다.

***반성하다** 자신의 말과 행동에 잘못이나 부족함이 없는지 돌이켜 보다.

***장기적** 오랜 기간에 걸치는 것.

***능청스럽다** 속으로는 엉큼한 마음을 숨기고 겉으로는 천연스럽게 행동하는 데가 있다.

***들통나다** 비밀이나 잘못된 일이 드러나다.

1문단 선의의 거짓말이란 *선의(善意), 즉 착한 마음에서 나온 거짓말입니다. 친구가 새로 산 옷이 별로라고 생각하면서도 "그 옷 정말 예쁘다."라고 말하는 경우처럼, 주로 다른 사람의 감정을 보호하거나 상황을 부드럽게 만들기 위해 쓰입니다. 또 상대방에게 나쁜 소식을 전하지 않기 위해 진실을 숨기는 경우도 이에 해당합니다.

2문단 선의의 거짓말은 *의도가 선하기 때문에 해도 괜찮다고 생각하는 사람이 많습니다. 일부 심리학자들은 선의의 거짓말이 사회적 *윤활유 역할을 한다고 주장하기도 합니다. 하지만 선한 의도가 항상 좋은 결과로 이어지는 것은 아닙니다. 실제로 선의의 거짓말은 여러 가지 문제를 일으킬 수 있습니다.

3문단 첫째, 선의의 거짓말은 *신뢰를 무너뜨려 관계에 *악영향을 미칩니다. 거짓말을 한 사실이 밝혀지면, 거짓말을 들은 사람은 '또 다른 거짓이 있지 않을까?'라며 의심하게 되고 상대를 믿을 수 없게 됩니다. 또 거짓말을 한 것에 배신감과 실망감을 느껴 관계를 이어 가기 어려울 수도 있습니다. 실제로 하버드 대학교 의대 교수팀이 *수행한 연구 결과, 작은 거짓말이라도 반복되면 관계의 질을 크게 떨어뜨릴 수 있다고 합니다.

4문단 둘째, 선의의 거짓말은 잘못된 행동을 고치지 못하게 합니다. 친구가 잘못된 행동을 하고 있는데도 잘못을 알려 주지 않거나 괜찮다고 말한다면 친구는 잘못된 행동을 *반성할 기회를 잃게 됩니다. 진실한 말이 당장은 불편할 수 있지만 *장기적으로는 듣는 사람에게 더 이익이 되는 것입니다.

5문단 셋째, 사람마다 거짓말을 하는 능력에 차이가 있으므로 선의의 거짓말을 허용하는 것은 공평하지 않습니다. 어떤 사람은 *능청스럽게 거짓말을 잘해서 다른 사람을 잘 속이지만, 그렇지 않은 사람은 표정이나 행동에 티가 나서 거짓말이 쉽게 *들통납니다. 선의의 거짓말을 허용하면 거짓말을 잘하는 사람만 이익을 얻고, 거짓말을 못하는 사람은 상대적으로 피해를 봅니다. 따라서 개인마다 능력 차이가 심한 거짓말은 하지 않는 게 좋습니다.

6문단 이처럼 당장은 선의의 거짓말이 더 나은 선택처럼 보일 수 있지만, 멀리 보면 진실이 항상 더 나은 결과를 가져옵니다. 그동안 당장의 불편함을 피하기 위해 선의라는 말로 거짓말을 포장해 온 것은 아닌지 생각해 보면 좋겠습니다. 언제 어디서나 거짓보다는 진실을 말하는 사람이 됩시다.

내용 이해

1 이 글의 핵심 내용을 정리하여 빈칸을 완성하세요.

> 선의의 거짓말은 [　][　] 마음에서 나온 거짓말이지만, 여러 가지 [　][　]를 일으킬 수 있으므로 거짓보다는 [　][　]을 말해야 한다.

내용 이해

2 이 글의 내용으로 알맞은 것은 무엇인가요? （　　　）

① 선의의 거짓말은 신뢰를 무너뜨릴 수 있다.
② 선한 의도는 항상 좋은 결과를 가져온다.
③ 선의의 거짓말은 상대방을 걱정하게 만든다.
④ 작은 거짓말은 상대에게 상처를 주지 않는다.
⑤ 선의의 거짓말은 잘못된 행동을 고치는 데 도움이 된다.

유형 연습
추론+비판

상반된 관점 분석하기

3 이 글을 읽고 선의의 거짓말 사용에 대한 찬성과 반대의 근거를 모두 찾아 선으로 이으세요.

(1) 찬성 •

(2) 반대 •

　• ① 상황을 부드럽게 만드는 표현이 필요하다.

　• ② 진실을 말하는 것이 더 나은 결과를 가져온다.

　• ③ 잘못을 알아야 고칠 수 있고 성장할 수 있다.

　• ④ 다른 사람의 감정을 보호하는 것이 중요하다.

유형 연습
추론+비판

근거의 타당성 평가하기

4 이 글의 셋째 근거가 타당하지 않다고 할 때, 그 이유를 알맞게 말한 친구에게 ○표 하세요.

(1) **예지** 셋째 근거는 표현이 모호하기 때문에 타당하지 않아. '절대로, 항상, 전혀' 같은 강한 표현으로 주장을 확실하게 뒷받침해야 해. （　　　）

(2) **서준** 셋째 근거는 일관성이 떨어져. 앞 문단에서는 진실이 더 이익이 된다고 했는데, 여기서는 거짓말을 잘하는 사람이 이익을 얻는다고 하잖아. （　　　）

도움말 ▶ 타당한 근거는 주장을 일관되게 뒷받침해요. 만약 서로 반대되는 내용의 근거가 있다면 그 근거는 타당하지 않은 거예요.

3
유형 실전

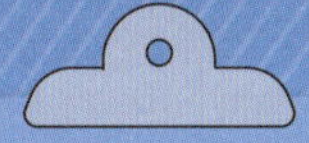

다누리호의 도전

한국 최초의 달 *궤도 ⊙탐사선 다누리호가 지난 2022년 8월, 미국 플로리다의 케네디 우주 센터에서 발사되어 145일 만에 달 궤도 *진입에 성공했다. 다누리호의 '다'는 달을, '누리'는 친구를 뜻하는 고유어로, 둘을 합치면 '달을 탐사하는 친구'라는 뜻이 된다. 한국은 다누리호의 발사 성공으로 미국, 러시아, 일본, 유럽 연합, 중국, 인도에 이어 세계에서 일곱 번째로 달 탐사에 성공한 나라가 되었다.

▲ 발사 전 최종 점검 중인 다누리호

다누리호의 임무는 약 100km 떨어진 궤도를 돌면서 최신 과학 장비를 이용하여 달의 지형과 *광물 자원을 분석하고, 여기서 얻은 정보를 지구에 *송신하는 것이다. 다누리호는 특히 달의 남극 지역에 대한 조사에 중점을 두는데, 이는 달의 남극에 물이나 얼음이 존재할 가능성이 있어서 *향후 탐사와 자원 개발에 매우 중요한 지역으로 여겨지기 때문이다.

다누리호는 세계 최초로 편광 카메라를 이용해 달 지도를 제작하고, 1억 년 전 형성된 티코 충돌구의 고해상도 사진을 촬영하는 등 과학적으로 중요한 성과를 거두었다. 또 예상보다 안정적인 운영으로 임무 기간을 원래 계획했던 1년에서 3년으로 연장하기도 했다. 다누리호 덕분에 한국의 우주 기술이 큰 *도약을 이룬 것이다.

사실 한국의 우주 기술 발전은 다누리호에 그치지 않는다. 한국은 2022년 6월, 한국형 발사체 누리호의 2차 발사에 성공하여 우주 발사체 기술을 확보했고, 2023년 5월에는 3차 발사까지 성공시켜 기술을 안정화했다. 누리호의 300톤급 *추력으로 200톤짜리 발사체가 궤도에 *안착하였는데, 이는 순수 국내 기술로 개발된 것이다.

한국의 목표는 2032년까지 달 착륙선을 발사하는 것이다. 이를 위해 민간 기업과 함께 고성능 발사체 사업을 추진 중이고, 2024년 10월에는 미국의 나사(NASA)와 아르테미스 연구 협약을 *체결했다. 그러나 아직 해결해야 할 과제도 적지 않다. 안정적인 연구 개발 예산을 확보하고, 우주 인력을 *양성하는 등 꾸준한 노력이 필요하다. 앞으로 우리나라가 우주 과학 기술을 더욱 발달시켜 국내에서 개발된 발사체로 달 착륙선을 보내고, 탐사선에 사람을 태운 유인 달 탐사까지 이룰 수 있기를 기대한다.

어휘 풀이

*궤도 행성, 혜성, 인공위성 등이 중력의 영향을 받아 다른 천체의 둘레를 돌면서 그리는 곡선의 길.

*진입 향하여 내쳐 들어감.

*광물 천연으로 나며 질이 고르고 화학적 성분 구성이 일정한 물질.

*송신하다 주로 전기적 수단을 이용하여 전신이나 전화, 라디오, 텔레비전 방송 따위의 신호를 보내다.

*향후 이것에 뒤이어 오는 때나 자리.

*도약 더 높은 단계로 발전하는 것을 비유적으로 이르는 말.

*추력 물체를 운동 방향으로 밀어붙이는 힘. 흔히 프로펠러의 회전이나 분사 가스의 반동으로 생기는 추진력을 말한다.

*안착하다 어떤 곳에 무사하게 잘 도착하다.

*체결하다 계약이나 조약 따위를 공식적으로 맺다.

*양성하다 가르쳐서 유능한 사람을 길러 내다.

1 이 글의 핵심 내용을 정리하여 빈칸을 완성하세요.

2 이 글의 내용으로 알맞지 <u>않은</u> 것은 무엇인가요?　　　　　　　　(　　　　)

① 달의 남극 지역에 물이나 얼음이 존재할 가능성이 있다.
② 한국은 세계에서 일곱 번째로 달 탐사에 성공한 나라가 되었다.
③ 다누리라는 이름은 '달을 탐사하는 친구'라는 뜻이다.
④ 다누리호의 임무 기간은 계획보다 3년 더 늘어났다.
⑤ 한국은 우주 기술 개발을 위해 미국의 나사와 협약을 맺었다.

3 이 글을 읽고 떠올린 질문으로 알맞지 <u>않은</u> 것은 무엇인가요?　　　　　　　(　　　　)

① 다누리호는 어떤 과학 장비를 가지고 있을까?
② 다누리호는 달에서 어떤 광물 자원을 찾아냈을까?
③ 다누리호에 탑승한 최초의 우주인은 누구일까?
④ 다누리호의 임무 수행 중 가장 큰 어려움은 무엇이었을까?
⑤ 다누리호의 탐사 결과는 어떤 방식으로 활용될 수 있을까?

4 ㉠의 뜻을 알맞게 짐작한 친구의 이름을 쓰세요.

> **승재:** 다누리호의 임무가 달의 지형과 광물 자원을 분석하는 것임을 볼 때, 탐사란 알려지지 않은
> 사실을 샅샅이 조사하는 일을 뜻하는 것 같아.
> **선우:** 다누리호가 달까지 날아간 로켓이라는 점을 생각해 볼 때, 탐사란 엔진이 만들어 낸 추진력
> 으로 우주까지 도달하는 일을 뜻하는 것 같아.
> **지우:** 다누리호가 달에서 약 100km 떨어진 궤도를 돌면서 달에 대한 정보를 수집하고 있다는 것
> 을 볼 때, 탐사란 어떤 대상의 둘레를 주기적으로 도는 일을 뜻하는 것 같아.

(   )

5 이 글을 읽고 다누리호의 탐사 정보를 적용한 사례로 알맞은 것은 무엇인가요? (   )

① 다누리호가 수집한 정보로 별자리를 연구하여 계절별 별자리 지도를 새롭게 완성한다.
② 다누리호가 보내 준 달의 대기 정보를 바탕으로 달의 대기 오염 상태를 분석한다.
③ 다누리호가 관찰한 지구 정보를 바탕으로 지구 환경과 생태계를 연구한다.
④ 다누리호가 관측한 달의 기상 정보를 바탕으로 태풍과 해일 등의 자연재해를 예측한다.
⑤ 다누리호가 달 지형을 분석한 정보를 바탕으로 달 기지 건설에 적합한 지역을 찾는다.

6 이 글과 보기 를 읽고 짐작한 내용으로 알맞지 <u>않은</u> 것은 무엇인가요? (   )

보 기

> 달은 인류의 우주 개발 계획에서 중요한 목적지로 여겨져 왔습니다. 달에 안전하게 착륙할 수
> 있다는 것은 더 먼 우주로 나갈 수 있다는 의미이기 때문입니다. 과거에 미국과 소련은 우주 개
> 발을 통해 치열한 기술 경쟁을 벌였습니다. 소련은 1957년에 스푸트니크 위성의 발사를 성공시
> 키고 루나 계획을 통해 무인 달 탐사를 시도했습니다. 미국 역시 수차례 달 탐사를 시도한 끝에
> 1969년, 닐 암스트롱이 탑승한 아폴로 11호 프로젝트를 성공시키면서 인류 최초의 유인 달 착륙
> 이라는 쾌거를 이루었습니다.

① 달 탐사는 더 먼 우주 탐사의 발판이 될 것이다.
② 미국에서 아폴로 11호를 성공시키기까지 많은 시도가 있었을 것이다.
③ 한국 우주 기술은 미국 우주 기술의 영향을 받았을 것이다.
④ 과거에는 발달된 기술을 과시하기 위해 달 탐사를 시도했을 가능성도 있다.
⑤ 아폴로 11호 이후 지금까지 6개국이 달에 사람을 보내는 데 성공했을 것이다.

1 다음 낱말의 알맞은 뜻을 찾아 선으로 이으세요.

(1) 광물 •

(2) 궤도 •

(3) 송신 •

① 행성 등이 중력의 영향을 받아 다른 천체의 둘레를 돌면서 그리는 곡선의 길.

② 주로 전기적 수단을 이용하여 전신이나 전화, 라디오, 텔레비전 방송 따위의 신호를 보냄.

③ 천연으로 나며 질이 고르고 화학적 성분 구성이 일정한 물질.

2 다음 문장이 완성되도록 알맞은 낱말에 ○표 하세요.

(1) M사는 기술 혁신으로 세계 최정상 기업으로 (도약 / 양성)했다.

(2) 교차로는 (개입 / 진입)하려는 차들과 빠져나가려는 차들이 뒤엉켜 난장이었다.

(3) 그들은 (향후 / 과거) 대책을 논의하기 위해 회의장에 모였다.

3 다음 단어와 뜻이 비슷하거나 반대인 낱말을 보기 에서 찾아 각각 쓰세요.

보 기

안착하다	출발하다	체결하다	성공하다

다다르다
뜻 목적한 곳에 이르다.

비슷한말

해지하다
뜻 계약 당사자의 의사 표시로 계약에 기초한 법률관계를 없애다.

반대말

선원들의 목숨을 구한 레몬

*대항해 시대 유럽인들의 신항로 개척이나 신대륙 발견이 활발하던 시대.

*시달리다 괴로움이나 성가심을 당하다.

*치료 병이나 상처 따위를 잘 다스려 낫게 함.

*극심하다 매우 심하다.

*붓다 살가죽이나 어떤 기관이 부풀어 오르다.

*회복하다 원래의 상태로 돌이키거나 원래의 상태를 되찾음.

*성분 유기적인 통일체를 이루는 것의 한 부분.

*낫다 병이나 상처 따위가 고쳐져 본래대로 되다.

*미스터리 도저히 설명하거나 이해할 수 없는 이상야릇한 일이나 사건.

*보고 귀중한 것이 많이 나거나 간직되어 있는 곳을 비유적으로 이르는 말.

15세기부터 17세기까지는 많은 사람이 새로운 땅을 찾아 바다로 나간 *대항해 시대였습니다. 하지만 긴 항해는 결코 쉬운 일이 아니었습니다. 좁은 배 안에서 오랫동안 생활하다 보니 많은 사람이 각종 질병에 *시달렸고, 제대로 된 *치료를 받지 못했습니다. 그중에서도 괴혈병은 선원들이 가장 두려워하는 병이었습니다. 선원들은 괴혈병을 폭풍이나 해적보다 더 무서워했습니다. 괴혈병에 걸리면 *극심한 피로에 시달리다가 잇몸이 *붓고 피가 나기 시작했는데, 입에서 쉴 새 없이 피가 나는 모습은 매우 끔찍했습니다. 당시에는 괴혈병의 원인도 치료법도 몰랐기 때문에 ㉠무수한 선원이 괴혈병으로 목숨을 잃었습

▲ 비타민 C의 보고, 레몬

니다. 실제로 포르투갈 항해사 바스쿠 다가마가 인도 항로를 개척한 항해에서는 180명의 선원 중 100명이 괴혈병에 걸려 사망했다고 합니다.

18세기 중반, 영국의 군의관이었던 제임스 린드는 ㉡특별한 실험을 시작했습니다. 그는 괴혈병 환자들을 여러 그룹으로 나누고 각기 다른 음식을 주었습니다. 그 결과 ㉢레몬이나 라임을 먹은 그룹이 괴혈병에서 빠르게 *회복된다는 사실이 밝혀졌습니다. 이 발견 이후 사람들은 긴 항해를 할 경우 반드시 레몬이나 레몬즙을 가지고 배에 타기 시작했습니다. ㉣미리 레몬을 먹어 두면 괴혈병에 걸리지 않았기 때문입니다. 300년 넘게 선원들을 괴롭혔던 무서운 질병을 작은 과일 하나가 물리친 것입니다.

하지만 그때까지도 레몬의 어떤 *성분이 괴혈병을 *낫게 하는지는 여전히 *미스터리였습니다. 제임스 린드의 발견으로부터 다시 100여 년이 지난 20세기 초에 이르러서야 괴혈병이 비타민 C 부족으로 발생하는 질병이고, ㉤레몬에 비타민 C가 특히 풍부하다는 사실이 밝혀졌습니다.

오늘날 현대인들이 괴혈병에 걸릴 위험은 거의 없지만 비타민 C를 보충하는 것은 여전히 중요합니다. 비타민 C는 면역력을 높여 감기 등을 **예방**할 뿐 아니라 콜라겐 생성을 촉진하여 피부 건강에도 도움을 주기 때문입니다. 비타민 C의 *보고(寶庫)인 레몬은 과거 선원들뿐 아니라 오늘날 현대인들의 건강까지 지키는 고마운 과일입니다.

내용 이해

1 이 글의 핵심 내용을 정리하여 빈칸을 완성하세요.

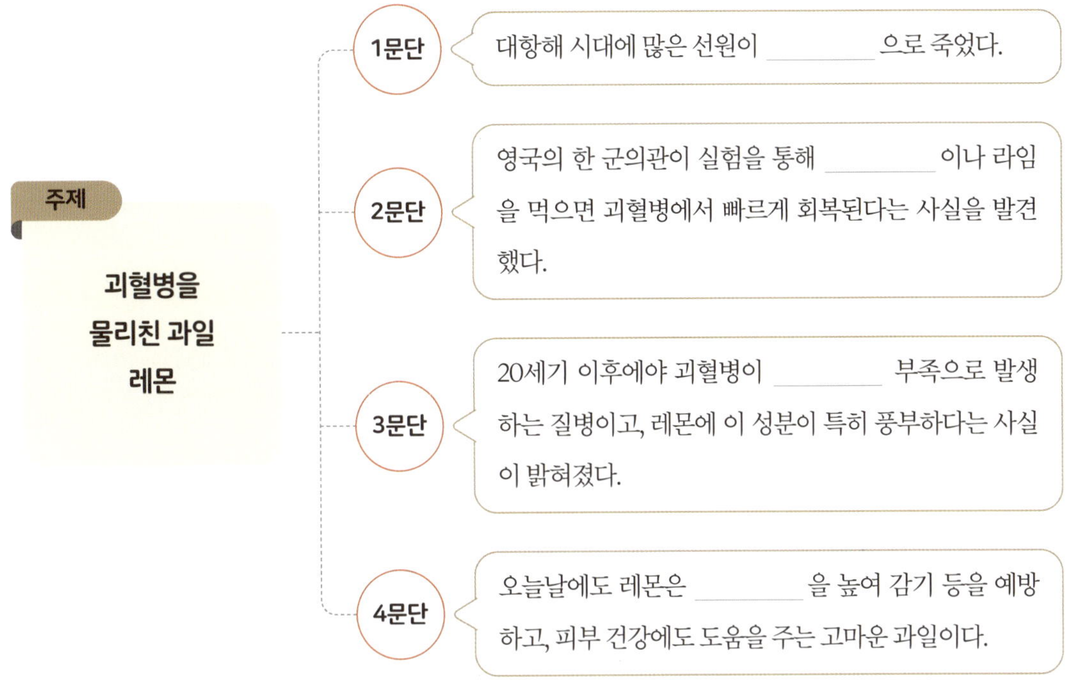

2 이 글의 내용으로 알맞지 <u>않은</u> 것은 무엇인가요? (   )

① 15세기에는 선원들이 괴혈병에 걸려 죽는 일이 많았다.
② 18세기 영국의 한 군의관이 비타민 C의 효과를 밝혀냈다.
③ 긴 항해를 할 때 레몬을 먹으면 괴혈병을 예방할 수 있다.
④ 비타민 C는 콜라겐 생성을 촉진하여 피부 건강에 도움을 준다.
⑤ 비타민 C는 면역력을 높여 주고 감기를 예방해 준다.

3 이 글에서 알 수 있는 괴혈병의 증상은 무엇인가요? (   )

① 시력이 나빠진다.　　　　　　② 피부가 건조해진다.
③ 뼈와 근육이 약해진다.　　　　④ 잇몸이 붓고 피가 난다.
⑤ 장염이나 배탈이 난다.

4 밑줄 친 예방의 뜻과 관련된 사례로 가장 알맞은 것은 무엇인가요? (   )

① ㉠   ② ㉡   ③ ㉢
④ ㉣   ⑤ ㉤

5 남극 탐험을 앞둔 연구원이 이 글을 읽고 준비할 것으로 가장 알맞은 것을 고르세요. (   )

① 남극의 추위를 막아 줄 두꺼운 외투를 준비해야 해.
② 남극 탐험 중 발견한 사실을 기록할 공책과 필기구를 준비해야 해.
③ 남극의 강한 햇빛으로부터 눈을 보호하기 위해 선글라스를 준비해야 해.
④ 남극에서는 신선한 채소나 과일을 구하기 어려우니 비타민 영양제를 준비해야 해.
⑤ 빙하에서 미끄러지면 크게 다칠 수 있으니까 붕대를 준비해야 해.

6 이 글과 보기 를 읽고 짐작한 내용으로 알맞지 <u>않은</u> 것은 무엇인가요? (   )

> 콜럼버스는 대서양을 건너 신대륙으로 이동하면서 괴혈병에 걸린 선원들을 모두 무인도에 두고 갔습니다. 그러고는 탐험을 마치고 돌아오는 길에 그 섬에 들러 선원들이 어떻게 되었나 살폈지요. 놀랍게도 병든 선원들은 모두 건강해져 있었습니다. 콜럼버스는 그 섬이 괴혈병을 치료해 주었다고 생각했습니다. 그래서 이곳에 '쿠라사오(치료의 섬)'라는 이름을 붙였지요. 오늘날 카리브 해의 퀴라소 섬이 바로 그 쿠라사오 섬이랍니다.

① 콜럼버스는 무인도에 버려진 선원들이 모두 건강해져서 몹시 놀랐을 것이다.
② 콜럼버스는 이후에도 항해 중에 괴혈병 환자가 나오면 쿠라사오 섬에 들렀을 것이다.
③ 당시 사람들은 쿠라사오 섬에 가야만 괴혈병을 치료할 수 있다고 생각했을 것이다.
④ 선원들이 건강을 회복한 것은 비타민 C가 풍부한 과일을 섭취했기 때문일 것이다.
⑤ 콜럼버스가 선원들을 무인도에 두고 간 것은 쿠라사오 섬에 대해 미리 알았기 때문이다.

1 다음 낱말의 알맞은 뜻을 찾아 선으로 이으세요.

(1) 성분 •

(2) 치료 •

(3) 시달리다 •

• ① 유기적인 통일체를 이루는 것의 한 부분.

• ② 병이나 상처 따위를 잘 다스려 낫게 함.

• ③ 괴로움이나 성가심을 당하다.

2 밑줄 친 낱말이 알맞게 쓰인 것에 ○표 하세요.

(1) 그 벽에는 스티커가 잘 붓지 않았다. (　　　)

(2) 가뭄이 극심해 농작물들이 모두 말라 버렸다. (　　　)

(3) 좋은 음식을 많이 먹은 덕분에 건강한 아이를 낫게 되었다. (　　　)

3 보기 를 읽고, 밑줄 친 낱말의 뜻으로 알맞은 것의 기호를 찾아 각각 쓰세요.

보기

㉮ 보고¹(報告): 일에 관한 내용이나 결과를 말이나 글로 알림.

㉯ 보고²(寶庫): 귀중한 것이 많이 나거나 간직되어 있는 곳.

㉰ 보고³: 어떤 행동이 미치는 대상임을 나타내는 격 조사.

(1) 누가 너보고 그 일을 하라고 그러더냐? (　　　)

(2) 독도는 희귀 동식물과 금속까지 풍부한 천연자원의 보고이다. (　　　)

(3) 선생님께 조사의 진행 과정에 대해 상세히 보고했다. (　　　)

동백꽃　│김유정

│앞부분 줄거리│ *소작농의 아들인 나는 *마름 집 딸 점순이가 요즘 부쩍 나를 괴롭힌다고 느낀다. 오늘도 점순이가 몸집이 크고 힘센 자기네 수탉과 덩치 작은 우리 수탉에게 싸움을 붙여 우리 수탉이 피를 보게 했다. 나는 몹시 화가 났지만 빌려 쓰는 땅에 문제가 생길까 봐 어쩌지 못하고 당하기만 한다.

나흘 전 감자 일만 하더라도 나는 저에게 조금도 잘못한 것은 없다. 계집애가 나물을 캐러 가면 갔지 남 울타리 엮는 데 *쌩이질을 하는 것은 다 뭐냐. 그것도 *발소리를 죽여서는 등 뒤로 살며시 와서 "얘! 너 혼자만 일하니?" 하고 *긴치 않은 *수작을 하는 것이다.

어제까지도 저와 나는 이야기도 잘 않고 서로 만나도 본척만척하고 이렇게 *점잖게 지내던 터이런만 오늘로 갑작스레 대견해졌음은 웬일인가. *하물며 망아지만 한 계집애가 남 일하는 놈 보고⋯⋯. "그럼 혼자 하지 떼로 하니?" 내가 이렇게 내뱉는 소리를 하니까 "너, 일하기 좋니?" "한여름이나 되거든 하지 벌써 울타리를 하니?" 잔소리를 두루 늘어놓다가 남이 들을까 손으로 입을 틀어막고는 그 속에서 깔깔댄다. 별로 우스울 것도 없는데 날씨가 풀리더니 이놈의 계집애가 미쳤나 하고 *의심하였다.

게다가 조금 뒤에는 제 집께를 할끔할끔 돌아보더니 행주치마 속으로 꼈던 바른 손을 뽑아서 내 턱 밑으로 불쑥 내미는 것이다. 언제 구웠는지 더운 김이 홱 끼치는 굵은 ㉠감자 세 개가 손에 뿌듯이 쥐어졌다.

"느 집엔 이거 없지?" 하고 *생색 있는 큰소리를 하고는 제가 준 것을 남이 알면 큰일 날 테니 여기서 얼른 먹어 버리란다. 그리고 또 하는 소리가 "너, 봄 감자가 맛있단다."
㉡"난 감자 안 먹는다. 너나 먹어라."

나는 고개도 돌리지 않고 일하던 손으로 그 감자를 어깨 너머로 쑥 밀어 버렸다. 그랬더니 그래도 가는 *기색이 없을 뿐 아니라 쌔근쌔근하고 *심상치 않게 숨소리가 점점 거칠어진다. 이건 또 뭐야 싶어서 그때에야 비로소 돌아보니 나는 참으로 놀랐다. 우리가 이 동네에 들어온 것이 근 삼 년째 되어 가지만 여태껏 가무잡잡한 점순이 얼굴이 이렇게까지 홍당무처럼 새빨개진 법이 없었다. 게다가 눈에 독을 올리고 한참 나를 쏘아보더니 나중에는 눈물까지 어리는 것이 아니냐. 그러고는 바구니를 다시 집어 들더니 이를 악물고는 엎어질 듯 자빠질 듯 논둑으로 힝하니 달아나는 것이다.

어휘 풀이

*소작농 일정한 돈을 주고 다른 사람의 땅을 빌려 짓는 농사. 또는 그런 농민.

*마름 땅 주인을 대신해 소작권을 관리하는 사람.

*쌩이질 바쁠 때에 쓸데없는 일로 남을 귀찮게 구는 것.

*발소리를 죽이다 걸음을 걸을 때 소리를 내지 않다.

*긴치 않다 긴하지 않다(꼭 필요하지 않다)의 준말.

*수작 남의 말이나 행동, 계획을 낮잡아 이르는 말.

*점잖다 언행이나 태도가 의젓하고 신중하다.

*하물며 그도 그러한데 더욱이. 앞의 사실이 그러하다면 뒤의 사실은 말할 것도 없다는 뜻의 접속 부사.

*의심하다 확실히 알 수 없어서 믿지 못하다.

*생색 다른 사람 앞에 당당히 나설 수 있거나 자랑할 수 있는 체면.

*기색 마음의 작용으로 얼굴에 드러나는 빛.

*심상치 않다 예사롭지 않고 이상하거나 특별하다.

내용 이해

1 이 글의 핵심 내용을 정리하여 빈칸을 완성하세요.

인물	'나'와 __________

배경	1930년대 봄, 시골 마을

사건	__________를 엮던 내게 마름 집 딸 점순이가 찾아와 이런저런 참견을 하더니, 나에게 구운 __________를 건넨다. 내가 거절하자 점순이가 화를 내고 눈물을 흘리며 달아난다.

2 이 글의 내용으로 알맞지 <u>않은</u> 것은 무엇인가요? ( )

① '나'는 혼자 울타리를 엮고 있었다.
② '나'와 점순이는 본래 서로 본척만척했다.
③ 점순이는 갓 구워 뜨거운 감자를 내밀었다.
④ 점순이는 본래 얼굴이 가무잡잡하다.
⑤ 화가 난 점순이가 달려가다가 논둑에 넘어졌다.

3 이 글에 나온 점순이의 행동으로 알맞지 <u>않은</u> 것은 두 개 고르세요. ( )

① 울타리를 엮는 '나'를 본체만체했다.
② 뭐가 좋은지 손으로 입을 막고 깔깔거렸다.
③ 행주치마에 숨겨 온 감자를 꺼내 내밀었다.
④ '나'가 감자를 거절하자 깜짝 놀라 뒷걸음쳤다.
⑤ 화가 나 숨소리가 거칠어지고 얼굴이 빨개졌다.

4 ㉠에 담긴 의미를 알맞게 파악한 것은 무엇인가요? ( )

① 점순이가 가장 좋아하는 음식이다.
② '나'에 대한 점순이의 사랑과 관심을 의미한다.
③ 오랫동안 이어진 나와 점순이의 우정을 의미한다.
④ 가난한 '나'와 부유한 점순이의 계급 격차를 나타낸다.
⑤ 가난한 시절이지만 이웃간에 따뜻한 정이 있음을 의미한다.

5 ㉡의 의도를 짐작한 내용으로 알맞지 <u>않은</u> 것은 무엇인가요? ( )

① 일하는데 자꾸 성가시게 구는 점순이를 쫓으려고
② 점순이의 생색 내는 행동이 불편하다는 사실을 드러내려고
③ 가난한 형편을 무시하는 말이 기분 나빴음을 표현하려고
④ 감자를 양보하는 모습으로 점순이에게 호감을 사려고
⑤ 마름 집 딸인 점순이와 가깝게 지낸다는 소문이 날까 봐 두려워서

6 보기를 읽고 이 글에 대해 짐작한 내용으로 알맞지 <u>않은</u> 것에 ×표 하세요.

> **보기**
>
> 　해학(諧謔)의 사전적 의미는 익살스러우면서도 품위 있는 말이나 행동입니다. 해학은 대상을 친근하고 우스꽝스럽게 표현하여 독자가 대상에게 호감과 연민을 느끼게 합니다. 비웃거나 비판하는 시선이 아니라 따뜻하게 감싸는 시선인 것입니다.

(1) 막 사랑에 눈을 뜬 사춘기 소녀 점순이가 '나'의 관심을 끌기 위해 하는 서투른 애정 표현들이 독자들의 웃음을 자아내. ( )

(2) 마름 집 딸인 점순이가 소작농의 아들인 '나'가 하는 모든 일에 심하게 간섭하는 것은 둘의 신분 차이를 해학적으로 보여 줘. ( )

(3) 손으로 입을 가리고 웃는 점순이를 보며 '나'가 '날씨가 풀리더니 이놈의 계집애가 미쳤나' 하고 의심하는 부분도 해학적이야. ( )

(4) 독자들은 점순이가 화난 이유를 다 아는데 어리숙한 '나'만 점순이 마음을 모른다는 사실이 웃음을 유발해. ( )

1 다음 낱말의 알맞은 뜻을 찾아 선으로 이으세요.

(1) 수작 ·

(2) 의심 ·

(3) 기색 ·

· ① 확실히 알 수 없어서 믿지 못하는 마음.

· ② 남의 말이나 행동, 계획을 낮잡아 이르는 말.

· ③ 마음의 작용으로 얼굴에 드러나는 빛.

2 다음 문장이 완성되도록 알맞은 낱말에 ○표 하세요.

(1) 부모님 방에 가까워지자 나는 들키지 않으려고 발소리를 (죽였다 / 쥐었다).

(2) 어머니께서는 딸의 표정이 (심상치 않아서 / 여의치 않아서) 걱정하셨다.

(3) 그 일은 아무리 잘해도 (생색 / 기색)이 잘 나지 않았다.

3 빈칸에 들어갈 알맞은 낱말을 보기 에서 찾아 각각 쓰세요.

보 기

| 소작농 | 하물며 | 쌩이질 | 마름 |

이 소설이 쓰인 1930년대 초반에는 남의 땅을 빌려 농사를 짓는 (㉮)이 많았다. 이들은 땅을 빌리는 대가로 수확량의 상당수를 땅 주인에게 바쳤는데, 심할 경우 수확량의 80퍼센트를 소작료로 지불하기도 했다. (㉯)은 땅 주인을 대신해 소작농을 관리하는 사람으로, 소작료를 걷고 농사 상황을 감독했다. 때로는 마름이 권력을 남용해 소작농에게 불리한 조건을 강요하거나 이들을 착취하여 갈등이 벌어지기도 했다.

㉮: (   ) ㉯: (   )

아름다운 섬, 독도 방문기

지난 여름 방학, 가족과 함께 독도에 다녀왔다. 울릉도항에서 독도행 배를 기다리면서 주위를 둘러보니 독도로 가는 여행객 중 많은 사람이 태극기를 들고 있거나 태극기가 새겨진 옷을 입고 있었다. 그 모습을 보니 독도가 우리나라의 역사와 *주권을 상징하는 소중한 장소라는 점이 분명하게 느껴졌다.

울릉도에서 배를 타고 1시간 30분 정도를 달렸다. 바다 위로 펼쳐진 푸른 물결과 햇살, 시원한 바람이 나를 더 설레게 했다. 두근거리는 마음에 창밖으로 눈을 돌리니 드디어 독도가 제 모습을 드러내기 시작했다. 조용하던 배 안에 *일순간 감탄사가 흘러나왔다. 우리 가족은 안내 방송에 따라 배에서 내렸다. *선착장에 도착하자마자 나를 맞이한 것은 푸른 하늘과 짙은 바다, 그리고 늠름한 바위섬이었다. 독도가 바위섬인 줄은 이미 알고 있었지만 실제로 본 모습은 훨씬 더 멋지고 당당해 보였다.

▲ 독도

섬에 도착한 뒤 아버지께서 독도에 대해 설명해 주셨다.

"독도는 *화산 활동으로 만들어진 바위섬인데, 뾰족한 원뿔 모양의 서도와 평탄한 봉우리의 동도가 있단다. 그리고 89개의 *부속 *도서가 있지. 이곳 선착장이 있는 곳이 바로 동도란다. 여기 반대편에는 독립문 바위가 있는데, 거센 바람과 바닷물에 계속 *침식되어서 독립문을 닮은 모양이 되었단다."

독도에는 독특한 모양의 바위들이 많았다. 우리 가족은 이어서 독도 등대를 방문했다. 하얀색의 독도 등대는 독도에서 가장 인기 있는 사진 촬영 장소이다. 그곳에 서서 바라본 독도의 풍경은 내가 보았던 그 어떤 풍경보다도 ㉠*빼어났다. 등대 앞에서 가족사진을 찍으며 나는 이 순간을 영원히 간직하고 싶다고 생각했다.

천천히 독도 주변을 둘러보니 독도 전체가 천연기념물로 *지정된 이유를 알 수 있었다. 독도에만 *서식하는 섬기린초를 포함해 *희귀한 동식물이 많았기 때문이다. 100년 이상 독도를 지켜온 사철나무, 힘차게 날아다니는 괭이갈매기와 바다제비까지, 모두가 내게 독도 전체가 천연기념물이라고 말해 주는 것 같았다.

집으로 돌아오면서 독도에 서식하는 동물과 식물에 대해 더 공부해 보고 싶다고 생각했다. 내가 만난 독도는 푸른 바다의 아름다운 섬이었다. 독도의 아름다움과 소중함을 느낀 이번 여행은 나의 마음속에 영원히 기억될 것이다.

1 이 글의 핵심 내용을 정리하여 빈칸을 완성하세요.

시기 및 장소	• 시기: 지난 __________ • 장소: 독도

이동 경로	울릉도 → 독도행 배 → 선착장 → 독도 등대 → 독도 주변

알게 된 점	1. 독도는 화산 활동으로 만들어진 바위섬이다. 2. 독도는 __________ 와 동도, 89개의 부속 도서로 이루어져 있다. 3. __________ 바위는 바닷물의 침식 작용으로 생겼다. 4. 독도에는 섬기린초, 괭이갈매기 등 희귀한 동식물이 많이 산다.

느낀 점	1. 독도는 우리나라의 역사와 __________ 을 상징한다. 2. 실제로 본 바위섬의 모습은 훨씬 멋지고 당당했다. 3. 독도에 사는 동식물에 대해 더 공부하고 싶다.

2 이 글의 내용으로 알맞지 <u>않은</u> 것은 무엇인가요? ( )

① 독도에서는 바다제비를 볼 수 있다.
② 독도에는 독도에서만 서식하는 식물이 있다.
③ 독도는 우리나라의 주권을 상징하는 장소이다.
④ 하얀색의 독도 등대는 인기 있는 사진 촬영 장소이다.
⑤ 독도에는 독도의 역사적 자료를 전시한 박물관이 있다.

3 독도의 지리적 특징으로 알맞은 것은 무엇인가요? ( )

① 동도는 뾰족한 원뿔 모양이다.
② 서도의 봉우리는 평평하다.
③ 독립문 바위는 일제 강점기에 형성된 것이다.
④ 독도는 화산 활동으로 만들어진 바위섬이다.
⑤ 독도를 이루는 섬은 모두 89개이다.

4 ㉠과 바꾸어 쓸 수 있는 말로 가장 알맞은 것은 무엇인가요? (   )

① 돋아났다　　　　② 뛰어났다　　　　③ 독특했다

④ 비켜났다　　　　⑤ 피어났다

5 이 글을 보기 의 갈래로 바꾸어 쓸 때 주의할 점은 무엇인가요? (   )

보기

> **독도 답사 보고서**
>
> **1. 답사 개요**
>
> 　가. 답사 날짜 및 장소: 2024년 8월 15일, 독도
>
> 　나. 답사 목적: 독도의 지형적 특징과 자연환경을 알아본다.
>
> **2. 답사 내용**
>
> 　가. 독도의 지형적 특징: 화산활동으로 만들어진 바위섬으로, 침식 작용이 활발하다.
>
> 　나. 독도 등대: 관광객이 사진을 많이 찍는 장소로, 독도의 아름다운 풍경을 감상할 수 있다.
>
> 　다. 독도의 동식물: 독도에만 서식하는 희귀한 동물과 식물이 있다.
>
> **3. 결론 및 소감**
>
> 　이번 독도 답사를 통해 독도의 생태적 가치를 깊이 이해할 수 있었다.

① 다양한 이야기를 흥미롭게 서술한다.

② 인상 깊었던 순간을 생생하게 표현한다.

③ 아름다운 풍경을 전달하는 데 중점을 둔다.

④ 개인적인 의견이나 해석을 중심으로 서술한다.

⑤ 사실에 기반한 정보와 자료를 중심으로 서술한다.

6 이 글과 보기 를 읽고 짐작한 내용으로 알맞지 <u>않은</u> 것은 무엇인가요? (   )

보기

> 　독도는 약 460만 년 전에서 270만 년 전 사이에 해저 2000미터에서 솟아오른 용암이 굳어져서 형성된 화산섬이다. 독도는 울릉도와 해저 산맥으로 연결되어 있지만 육지와는 한 번도 연결된 적 없는 섬으로, 지금도 바다 한가운데에서 외로이 파도와 싸우고 있다.

① 동도와 서도의 생김새가 다른 건 두 섬의 형성 과정이 달라서일 거야.

② 독도에 독특한 생태계가 형성된 것은 독도가 섬인 것과 관련이 있을 것 같아.

③ 독도가 육지와 한 번도 연결된 적이 없어서 독도에만 사는 생물이 있는 것 같아.

④ 독도가 바다 한가운데에 있어서 바람과 파도의 침식 작용을 많이 받는 것 같아.

⑤ 독도의 지금 모습은 맨 처음 독도가 생겨났을 때의 모습과는 다를 것 같아.

1 다음 낱말의 알맞은 뜻을 찾아 선으로 이으세요.

(1) 침식 •

(2) 선착장 •

(3) 화산 활동 •

• ① 비, 하천, 빙하, 바람 등의 자연 현상이 지표를 깎는 일.

• ② 땅속 깊은 곳에 있는 마그마가 지표 가까이에서 일으키는 여러 작용.

• ③ 배가 와서 닿는 곳.

2 다음 문장이 완성되도록 알맞은 낱말에 ○표 하세요.

(1) 관중석에서는 (일순간 / 주야간) 야유가 쏟아졌다.

(2) 숭례문은 국보 1호로 (지정 / 지참)되었다.

(3) 도시의 공원은 새들이 (서식 / 침식)하는 작은 쉼터 역할을 한다.

3 다음 낱말과 뜻이 비슷하거나 반대인 낱말을 보기 에서 찾아 각각 쓰세요.

보 기

| 간직하다 | 희귀하다 | 빼어나다 | 분명하다 |

진귀하다
뜻 보배롭고 보기 드물게 귀하다.

비슷한말

보잘것없다
뜻 볼만한 가치가 없을 정도로 하찮다.

반대말

대세는 가치 소비!

최근 젊은 세대를 중심으로 가치 소비가 유행처럼 번지고 있다. 가치 소비란 물건을 살 때 단순히 가격이나 품질만 보는 게 아니라, 그 물건이 우리 사회와 환경에 끼치는 영향까지 고려하여 책임감 있게 소비하는 것이다.

▲ 장바구니를 사용한 예

가치 소비의 대표적인 예로는 제로 웨이스트 운동을 들 수 있다. 쓰레기를 줄이기 위해 포장을 최소화하거나, 장바구니를 사용하는 등의 노력이 여기에 해당한다. 이런 소비자들의 요구에 발맞추어 기업에서는 라벨 없는 생수병, 플라스틱 뚜껑 없는 햄 통조림, 빨대 없는 우유와 같은 제품을 내놓았다. 이 운동은 단순히 쓰레기를 줄이는 것을 넘어 ㉠자원의 *순환과 지속 가능한 소비문화를 만드는 데 도움이 된다.

동물 실험을 하지 않고 동물성 *원료를 사용하지 않는 화장품을 선택하는 비건 뷰티도 인기다. 비건 뷰티를 통해 동물을 *사육하는 과정에서 생기는 환경 오염을 줄일 수 있고, ㉡동물 실험 과정에서 동물들에게 고통과 스트레스를 주는 일도 줄일 수 있다.

패션 분야에서도 가치 소비 흐름이 *두드러진다. 업사이클링 패션이 그 예로, 버려지는 옷이나 소재를 재활용해 새로운 제품을 만드는 것이다. 업사이클링 제품은 환경 보호에 도움이 될뿐 아니라 ㉢*기존 제품보다 훨씬 더 아름답고 특별해서 인기를 얻고 있다.

이처럼 가치 소비는 사회와 환경에 긍정적인 영향을 미친다. 환경을 보호하고, 노동자들의 인권을 지키는 데 *기여하며, 동물 복지 향상에도 도움이 된다. 또한 ㉣기업들이 더 윤리적이고 지속가능한 방식으로 제품을 만들도록 *유도하는 효과도 있다.

무엇보다 가치 소비는 우리 자신에게 좋은 영향을 미친다. 우리가 *구매하는 제품이 어떻게 만들어졌고 어떤 영향을 미치는지 생각하면 책임감 있는 소비자가 될 수 있고, ㉤내게 꼭 필요한 것이 무엇인지 고민하면 불필요한 소비를 줄일 수 있다. 가치 있는 소비를 통해 우리가 사는 세상과 미래를 더 긍정적으로 바꿀 수 있다는 사실을 기억하자.

어휘 풀이

*순환 주기적으로 자꾸 되풀이하여 도는 과정.

*원료 어떤 물건을 만드는 데 들어가는 재료.

*사육하다 어린 가축이나 짐승이 자라도록 먹여 기르다.

*두드러지다 겉으로 드러나서 뚜렷하다.

*기존 이미 존재함.

*기여하다 도움이 되도록 이바지하다.

*유도하다 사람이나 물건을 목적한 장소나 방향으로 이끌다.

*구매하다 물건을 사들이다.

1 이 글의 핵심 내용을 정리하여 빈칸을 완성하세요.

가치 소비의 뜻	가치 소비란 그 물건이 우리 사회와 __________ 에 끼치는 영향을 고려하여 책임감 있게 __________ 하는 것이다.
가치 소비 사례	1. __________ 운동은 쓰레기를 줄이려는 노력이다. 2. __________ 는 동물 실험을 하지 않고 동물성 원료를 사용하지 않는 화장품을 선택하는 것이다. 3. __________ 은 버려지는 옷이나 소재를 재활용하여 새로운 제품을 만드는 것이다.
가치 소비의 긍정적 영향	1. 사회와 환경에 긍정적인 영향을 미칠 수 있다. 2. __________ 있는 소비자가 될 수 있고, 불필요한 소비를 줄일 수 있다.

2 이 글의 내용으로 알맞지 <u>않은</u> 것은 무엇인가요? ( )

① 제품의 포장을 최소화하면 쓰레기를 줄일 수 있다.

② 젊은 세대를 중심으로 가치 소비가 유행 중이다.

③ 버려진 옷으로 새 옷을 만들면 품질이 떨어질 수밖에 없다.

④ 동물 실험은 동물들에게 고통과 스트레스를 준다.

⑤ 쓰레기를 줄이기 위해 라벨 없는 생수를 사는 것은 가치 소비의 예이다.

3 가치 소비의 긍정적인 영향이 <u>아닌</u> 것은 무엇인가요? ( )

① 가장 저렴한 가격으로 물건을 구매할 수 있다.

② 제품을 만드는 노동자의 인권을 지켜 준다.

③ 동물 복지 향상에 도움이 된다.

④ 환경을 보호하고 지속 가능한 소비문화를 만든다.

⑤ 기업들이 윤리적이고 지속 가능한 방식으로 제품을 만들게 한다.

4 이 글에서 제시한 근거의 타당성을 바르게 평가한 것은 무엇인가요? (　　　)

① ㉠은 쓰레기를 줄이는 것과 관련이 없으므로 타당한 근거가 아니다.
② ㉡은 동물 실험의 필요성을 강조하는 내용이므로 타당한 근거가 아니다.
③ ㉢은 글쓴이의 개인적인 의견일 뿐 객관적인 사실이 아니므로 타당한 근거가 아니다.
④ 기업은 이윤을 추구하는 것이 합리적이기 때문에 ㉣은 타당한 근거가 아니다.
⑤ 소비자가 필요한 것을 고민할수록 소비량이 늘어나기 때문에 ㉤은 타당한 근거가 아니다.

5 이 글에서 소개한 가치 소비에 찬성하는 관점을 가진 친구는 누구인가요? (　　　)

① **진우:** 보기 좋게 포장을 해야 상품의 가치가 높아지는 것 같아.
② **소영:** 일회용품은 편리하고 저렴해서 경제적으로 도움이 돼.
③ **지수:** 동물 실험으로 안전성을 검증하는 절차는 반드시 필요해.
④ **미연:** 업사이클링 패션은 다른 사람이 쓰던 것 같아서 왠지 꺼려져.
⑤ **강우:** 음식을 포장할 때는 일회용 용기 대신 내가 가져간 그릇을 써.

6 이 글과 〔보기〕를 읽고 빈칸에 들어갈 내용을 알맞게 짐작한 것을 고르세요. (　　　)

〔보기〕

　　로컬 푸드(Local Food)는 지역에서 생산된 식품을 의미하며, 일반적으로 소비자와 생산자 간의 거리가 짧고, 지역 경제에 도움이 되는 식품을 말합니다. 로컬 푸드에는 다음과 같은 장점이 있습니다.
　　첫째, 신선합니다. 가까운 곳에서 생산되어 소비자에게 바로 전달되기 때문입니다.
　　둘째, 지역 경제를 활성화합니다. 로컬푸드를 소비하면 유통 비용이 감소하여 지역 농부와 소규모 생산자들에게 도움을 줄 수 있습니다.
　　셋째, 환경을 보호합니다. ＿＿＿＿＿＿＿＿＿＿

① 가까운 지역에서는 동물성 제품을 생산하지 않기 때문입니다.
② 장거리 운송을 하지 않아 자동차의 매연을 줄일 수 있기 때문입니다.
③ 지역에서는 포장재에 쓰이는 플라스틱을 생산할 수 없기 때문입니다.
④ 농촌에 대한 관심이 높아져서 지역 농민의 생활에 도움이 되기 때문입니다.
⑤ 맛과 향이 우수해서 음식물 쓰레기가 줄어들기 때문입니다.

정답과 해설 15쪽

1 다음 낱말의 알맞은 뜻을 찾아 선으로 이으세요.

(1) 순환 ·

(2) 원료 ·

(3) 사육 ·

· ① 어떤 물건을 만드는 데 들어가는 재료.

· ② 주기적으로 자꾸 되풀이하여 도는 과정.

· ③ 어린 가축이나 짐승이 자라도록 먹여 기름.

2 밑줄 친 낱말이 알맞게 쓰이지 <u>않은</u> 것에 ×표 하세요.

(1) 올해는 자연 과학 분야의 발전이 <u>두드러졌던</u> 한 해였다. (   )

(2) 값비싼 경품을 걸어 고객들의 적극적인 참여를 <u>유도했다</u>. (   )

(3) 가게 주인이 아침 일찍 자신이 <u>구매할</u> 물건을 매대에 진열했다. (   )

3 다음 빈칸에 공통으로 들어갈 낱말로 알맞은 말을 **보기** 에서 찾아 쓰세요.

보기

| 구매 | 기여 | 사육 | 순환 |

- 박사의 연구는 암 치료법 개발에 크게 (   )했다.
- 그는 세계 평화에 (   )한 공로로 노벨 평화상을 수상했다.
- 그녀는 어려운 상황에 골을 넣어 팀 승리에 결정적으로 (   )했다.

(   )

구운몽 ㅣ 김만중

ㅣ**앞부분 줄거리**ㅣ 중국 당나라 시대, 육관 대사의 제자로 불도를 닦던 성진은 스승의 심부름을 갔다가 팔선녀를 만나 속세의 욕망을 품는다. 그 죄로 염라대왕에게 보내진 성진은 뉘우칠 기회를 얻어 양 처사의 아들 양소유로 환생한다.

어휘 풀이

*장원급제 과거에서 갑과의 첫째로 뽑히는 일.

*기별하다 다른 곳에 있는 사람에게 소식을 전하다.

*내심 겉으로 드러나지 않은 실제의 마음.

*혼례 부부 관계를 맺는 서약을 하는 의식.

*칭하다 무엇이라고 일컫다.

*반란 정부나 지도자에 반대하여 내란을 일으킴.

*아뢰다 말씀드려 알리다.

*토벌하다 적을 무력으로 쳐서 없애다.

*괘씸하다 남에게 신의에 어긋난 짓을 당하여 분하고 밉살스럽다.

*극구 온갖 말을 다하여.

*만류하다 붙들고 못 하게 말리다.

어느덧 소유는 청년으로 자라 *장원급제하여 한림학사라는 벼슬을 얻었다. 온 나라의 이름난 집안에서 그를 사위로 삼고 싶다고 *기별했지만, 소유는 *내심 정 사도(司徒, 당나라의 높은 벼슬 중 하나)의 딸 경패를 마음에 품고 있었다. ㉠소유는 머리에 계수나무 가지를 꽂은 위풍당당한 모습으로 풍악을 울리며 정 사도의 집에 찾아갔다. 정 사도는 소유를 보자마자 매우 기뻐하며 말하였다.

"내게 딸이 하나 있소이다. 내 딸과 혼인하면 어떻소?"

소유가 말을 꺼내기도 전에 정 사도가 먼저 혼인을 청하니 소유는 몹시 기뻤다. 그리하여 소유는 정 사도의 딸과 혼인하기로 하였다.

소유가 *혼례를 치르기 위해 어머니를 모시러 갈 준비를 하는데, 하필 그날 북쪽 지방의 세 절도사가 자기들 마음대로 나라를 나누어 각각 연나라, 위나라, 조나라라고 하고는 스스로를 왕이라 *칭하며 *반란을 일으켰다. 황제는 이 문제를 해결하고자 급히 신하들을 불러 모아 의견을 물었다. 소유가 황제께 *아뢰었다.

㉡"옛날 한나라 무제는 남월 왕이 반란을 일으켰을 때 먼저 글로써 타이른 적이 있습니다. *토벌하기에 앞서 그들에게 글부터 보냄이 어떠할지요?"

황제의 허락을 얻은 소유는 글을 써서 세 나라에 보냈다. 소유의 글을 받은 조나라와 위나라의 왕은 즉시 황제께 용서를 빌고 말과 비단을 각각 1만 필씩 보내왔다. 그러나 연나라의 왕은 항복하지 않았다. 소유는 이를 *괘씸하게 여겨 정 사도에게 다음과 같이 말하였다.

㉢"연나라 왕이 아직 항복하지 않아 제가 직접 연나라에 다녀오려 합니다."

그러자 정 사도가 *극구 *만류했다. 이에 소유가 다시 말하기를,

"걱정 거두십시오. 세가 큰 조나라와 위나라도 항복했는데 세가 작은 연나라가 감히 어쩌겠습니까. 수일 내로 항복을 받아 늦지 않게 돌아오겠습니다."

소유 일행이 연나라에 도착하자, 연나라 왕은 잔뜩 겁을 먹고 잘못을 빌었다. 소유가 연나라 왕까지 항복시키고 돌아오자 황제는 크게 기뻐하며 소유에게 예부상서 벼슬을 내렸다.

1 이 글의 핵심 내용을 정리하여 빈칸을 완성하세요.

청년이 된 소유가 _________ 하여 한림학사 벼슬을 얻었다.

⬇

소유가 정 사도의 집으로 찾아가 그의 딸 경패와 _________ 하기로 약속했다.

⬇

북쪽 지방의 세 절도사가 각자 왕을 칭하며 _________ 을 일으켰다.

⬇

소유가 글을 써서 조나라와 위나라의 항복을 받았다.

⬇

_________ 에 가서 항복을 받아 온 소유에게 황제가 예부상서 벼슬을 내렸다.

2 이 글의 내용으로 알맞지 <u>않은</u> 것은 무엇인가요? ( )

① 소유는 정 사도의 딸 경패를 마음에 품고 있었다.
② 소유는 장원급제를 하여 한림학사라는 벼슬을 얻었다.
③ 소유는 정 사도의 집에 도착하여 그의 딸과 혼례를 치렀다.
④ 소유는 반란을 일으킨 조나라, 위나라, 연나라에 글을 써서 보냈다.
⑤ 소유는 항복하지 않는 연나라에 직접 가서 항복을 받아 냈다.

3 소유에 대한 생각이 비슷한 인물끼리 묶인 것은 무엇인가요? ( )

① 정 사도 - 절도사　　　　② 황제 - 한나라 무제
③ 정 사도 - 황제　　　　　④ 경패 - 연나라 왕
⑤ 연나라 왕 - 황제

4 ⊙에 드러난 소유의 의도를 알맞게 짐작한 것은 무엇인가요?　　　　　　(　　　)

① 겸손한 태도로 정 사도에게 존경하는 마음을 표현하고자 했다.

② 풍악을 울려 황제에게 인정받은 멋진 연주 실력을 자랑하려고 했다.

③ 그를 사위 삼고 싶어 하는 사람들에게 자신이 결혼한 사람임을 나타내려 했다.

④ 자신이 정 사도의 딸과 혼례를 앞둔 신랑임을 표시하려 했다.

⑤ 장원급제 후 벼슬을 얻은 위풍당당한 모습으로 경패와의 혼인을 허락받고자 했다.

5 ⓒ에 찬성하는 관점을 가진 친구의 이름을 쓰세요.

> **희준:** 글을 써서 적을 항복시키는 것은 괜찮지만 적국인 연나라에 직접 찾아가는 건 너무 위험한 일이야.
>
> **가연:** 소유가 보낸 글로 조나라와 위나라가 항복했잖아. 소유가 직접 나선다면 연나라 왕이 두려움을 느낄 것 같아.
>
> **수정:** 연나라는 소유의 글을 읽고도 항복하지 않은 나라야. 소유가 찾아가면 화가 나서 전쟁을 일으킬 수도 있어.

(　　　　　)

최상위 6 ⓒ에 담긴 상황과 비슷한 역사적 사실이 <u>아닌</u> 것에 ✕표 하세요.

(1) 고려 성종 때, 서희가 고려를 협박하는 거란의 소손녕과 담판을 지어 거란의 침입을 막고 강동 6주를 획득하였다.　　　　　　　　　　　　　　　(　　)

(2) 신라 사람 최치원이 당나라 황제의 명으로 「토황소격문」이라는 글을 써서 반란을 일으킨 주모자 황소를 꾸짖었다.　　　　　　　　　　　　　(　　)

(3) 조선 세종 때, 김종서가 두만강 일대의 여진족을 물리치고 6진을 설치하여 이곳을 조선의 영토로 만들었다.　　　　　　　　　　　　　　　(　　)

1 다음 낱말의 알맞은 뜻을 찾아 선으로 이으세요.

(1) 반란 •

(2) 혼례 •

(3) 내심 •

• ① 부부 관계를 맺는 서약을 하는 의식.

• ② 겉으로 드러나지 않은 실제의 마음.

• ③ 정부나 지도자 따위에 반대하여 내란을 일으킴.

2 밑줄 친 낱말이 알맞게 쓰이지 않은 것에 ×표 하세요.

(1) 전문가들은 건강한 식습관을 만류하였다. ( )

(2) 아버지께서는 극구 반대하셨지만 결국 나는 이사를 가기로 하였다. ( )

(3) 남이 장군은 20대의 젊은 나이에 여진족을 토벌하는 업적을 쌓았다. ( )

3 다음 낱말과 뜻이 비슷하거나 반대인 낱말을 보기 에서 찾아 각각 쓰세요.

보기

아뢰다	괘씸하다	칭하다	만류하다

보고하다
뜻 일에 관한 내용이나 결과를 말이나 글로 알리다.

비슷한말

기특하다
뜻 말하는 것이나 행동하는 것이 대견하여 귀염성이 있다.

반대말

빛의 화가, 클로드 모네

19세기 프랑스 미술계에 큰 변화를 가져온 인상주의 *화풍은 클로드 모네의 독창적인 시각과 실험 정신에서 비롯되었다. 모네는 대상을 있는 그대로 똑같이 표현하는 전통 회화 *기법을 거부하고, 자연의 빛과 색채를 중시하여 실시간으로 끊임없이 변하는 대상의 색과 형태, 거기서 느껴지는 순간의 인상에 집중하는 새로운 화풍을 만들었다.

클로드 모네는 1840년 프랑스 파리에서 태어나 프랑스 서북부의 항구 도시 르아브르에서 성장했다. 어린 시절부터 그림 그리기를 좋아했던 모네는 특히 주변 인물과 풍경을 관찰하고 스케치하는 것을 즐겼다. 이런 모네의 예술적 성장에 가장 큰 영향을 미친 인물은 선배 화가 외젠 부댕이었다. 부댕은 밖에서는 간단히 스케치만 하고 화실에 돌아와 그림을 완성하는 당시의 *관행을 깨고, ㉠모네에게 이젤을 들고 밖으로 나가서 그림을 그리라고 권했다.

부댕의 가르침을 바탕으로 모네는 자연 속에서 그림을 완성하며 자신만의 화풍을 발전시켰다. 그는 시시각각 변하는 빛과 색의 아름다움을 *포착하기 위해 스케치 과정을 생략하고 바로 색을 칠하는 방식을 *고안했고, 마침내 1874년, 동료 화가들과 함께 첫 전시회를 열었다. 이 전시회에서 선보인 「인상, 해돋이」는 르아브르 항구의 안개 낀 아침 풍경을 담은 작품으로, 안개 속

▲ 클로드 모네, 「인상, 해돋이」

에서 붉게 타오르는 태양과 바닷물에 반사된 빛, 바다 위에 떠 있는 배들의 모습을 담고 있다. 모네는 이 그림을 통해 순간의 ㉡인상을 생생하게 담아내는 데 성공했다.

하지만 모네의 그림을 본 ㉢대중과 평론가들은 *혹평을 쏟아 냈다. 스케치 없이 색을 칠해서 윤곽이 뚜렷하지 않고 색채가 불분명하다는 이유였다. 사람들은 모네의 그림과 이 전시를 *조롱하려는 의미에서 전시회에 '인상주의 전시회'라는 이름을 붙였다. 하지만 시간이 지나면서 모네의 화풍이 인정받기 시작했고, 인상주의라는 용어는 새로운 미술 *사조를 대표하는 이름으로 자리 잡았다.

이후로도 모네는 순간의 인상을 포착하기 위해 노력했으며, 시간과 계절에 따른 빛의 변화를 주로 탐구하여 「수련」 *연작과 「루앙 대성당」 연작 등을 남겼다. 결과적으로 모네는 인상주의의 *거장으로 인정받게 되었고, 그의 작품들은 오늘날까지도 자연의 *변화무쌍한 아름다움과 순간의 감동을 전하고 있다.

어휘 풀이

*화풍 그림을 그리는 방식이나 양식.

*기법 기교와 방법을 아울러 이르는 말.

*관행 오래전부터 해 오는 대로 함. 또는 관례에 따라서 함.

*포착하다 어떤 기회나 정세를 알아차리다.

*고안하다 연구하여 새로운 안을 생각해 내다.

*혹평 가혹하게 비평함.

*조롱하다 비웃거나 깔보면서 놀리다.

*사조 한 시대의 일반적인 사상의 흐름.

*연작 한 작가가 한 가지 주제나 모티프를 기반으로 여러 작품을 창작한 것.

*거장 예술이나 과학 등 어느 한 분야에서 특히 뛰어난 사람.

*변화무쌍하다 변하는 정도가 비할 데 없이 심하다.

1 이 글의 핵심 내용을 정리하여 빈칸을 완성하세요.

2 이 글의 내용으로 알맞은 것은 무엇인가요? (   )

① 모네는 어린 시절 내내 프랑스 파리에서 자랐다.
② 모네의 그림은 윤곽이 뚜렷하고 색채가 선명하다.
③ 모네의 그림은 사진을 보는 것 같은 느낌을 준다.
④ 모네는 자연을 그릴 때도 대부분 화실에서 그림을 완성했다.
⑤ 모네는 1874년 전시회에서 「인상, 해돋이」라는 작품을 선보였다.

3 모네가 주로 선택한 그림의 주제는 무엇인가요? (   )

① 역사적인 사건 ② 유명한 인물의 초상
③ 사람들의 일상생활 ④ 시간에 따른 빛의 변화
⑤ 꽃, 과일, 책과 같은 정물

4 ㉠에 드러난 부댕의 의도를 알맞게 짐작한 친구의 이름을 쓰세요.

> **태오:** 당시 사람들이 가장 좋아하는 풍경화 기법을 가르쳐 주려고 했어.
> **승주:** 자연 속에서 풍경을 직접 관찰하며 그림 그리는 방법을 알려 주려고 한 거야.
> **하은:** 변하지 않는 사물을 실제 모습과 똑같이 그리는 방법을 가르쳐 주려고 한 거야.

(   )

5 ㉡의 뜻으로 가장 알맞은 것은 무엇인가요? (   )

① 사람 얼굴의 생김새
② 대상에 대해 마음속에 새겨지는 느낌
③ 물건 값을 비싸게 올리는 것
④ 기분 나쁠 때 나오는 표정
⑤ 역도 경기 종목의 하나

6 보기 를 읽고 ㉢과 같은 관점을 가진 친구를 고르세요. (   )

보기

> **기훈:** 모네의 「인상, 해돋이」를 보면 해가 떠오르는 순간이 생동감 있게 느껴져요. 특히 따뜻한 주황색과 부드러운 파란색이 그 순간의 색감을 보여 주는 것 같아요.
> **수아:** 모네가 표현하고자 했던 빛의 변화를 이해해야 해요. 윤곽선을 그리거나 대상을 상세하게 묘사하지는 않았지만 그리고 싶은 순간을 정하고 대상을 관찰하는 데 시간이 많이 걸렸을 것 같아요.
> **지호:** 해와 배는 알아보겠지만 나머지는 무엇을 그린 건지 잘 모르겠어요. 사물을 알아볼 수 없게 흐릿하게 그리면 인상주의 작품이 되나 봐요.
> **예은:** 인상파 화가들은 전통적인 미술 기법에서 벗어나고 싶었던 것 같아요. 그래서 순간적인 감정과 인상을 표현하는 것을 중요시했던 게 아닐까요?
> **준서:** 인상파 화가들은 빛과 색의 변화를 놀랍도록 섬세하게 포착해서 그 순간의 분위기가 그대로 느껴져요.

① 기훈　　② 수아　　③ 지호　　④ 예은　　⑤ 준서

1 다음 낱말의 알맞은 뜻을 찾아 선으로 이으세요.

(1) 화풍 • • ① 기교와 방법을 아울러 이르는 말.

(2) 기법 • • ② 오래전부터 해 오는 대로 함.

(3) 관행 • • ③ 그림을 그리는 방식이나 양식.

2 밑줄 친 낱말이 알맞게 쓰이지 않은 것에 ×표 하세요.

(1) 경찰은 이미 모든 증거를 포착했다고 말했다. ( )
(2) 등산객들은 하늘을 고안하며 산을 오르고 있었다. ( )
(3) 그 아이들은 나를 조롱하며 비웃었다. ( )

3  를 읽고, 다음 문장이 완성되도록 알맞은 낱말에 ○표 하세요.

보기

혹평(酷評) 뜻 몹시 모질고 혹독하게 비평함.
호평(好評) 뜻 좋게 평함. 또는 그런 평판이나 평가.

(1) 그의 소설은 독자들로부터 (혹평 / 호평)을 받아 베스트셀러가 되었다.
(2) 유명 가수의 앨범이 평론가들의 (혹평 / 호평)을 받아 팬들이 크게 실망했다.
(3) 새로 개업한 레스토랑은 미식가들의 (혹평 / 호평)으로 예약이 힘들 만큼 큰 인기다.

패럴림픽 선수들은 어떻게 순위를 겨룰까?

패럴림픽은 신체 장애를 가진 선수들이 참가하는 국제 스포츠 대회입니다. 1948년 영국 *퇴역 군인들의 모임에서 시작되었고, 현재는 전 세계 장애인 선수들의 축제로 발전했습니다. 대회는 4년마다 한 번씩 하계와 동계로 나뉘어 *개최되며, 올림픽이 끝난 후 같은 도시에서 열립니다.

패럴림픽에서의 순위 경쟁은 일반 올림픽과는 다른 방식으로 이루어집니다. 가장 큰 특징은 공정한 *경쟁을 위한 등급 분류 시스템입니다. 선수들은 대회 참가 전 의료 전문가에게 장애의 정도와 유형에 따라 등급을 *배정받습니다. 이 등급 분류는 종목별로 다른데, 주로 선수의 장애가 해당 종목의 핵심 동작에 미치는 영향을 평가합니다. 수영에서는 S1, SM13처럼, S로 시작하는 등급이 *부여되고, 육상의 경우 T(트랙)나 F(필드)로 시작하는 등급을 받습니다. 알파벳 옆에 붙은 등급의 숫자는 작을수록 장애 정도가 심하다는 뜻입니다. 특정 종목에서는 더 *세분화된 시스템을 사용합니다. 예를 들어, 휠체어 농구에서는 선수들의 장애 정도에 따라 1점부터 4.5점까지 장애 점수가 매겨지며, 코트에 있는 5명의 장애 점수 합이 14점을 초과할 수 없습니다. 이러한 등급 분류 덕분에 비슷한 신체 기능을 가진 선수들끼리 경쟁할 수 있고, 다양한 장애 정도를 가진 선수들이 한 팀을 이룰 수도 있습니다.

패럴림픽에는 올림픽에 없는 특별한 종목도 있습니다. 보치아는 중증 뇌성마비 선수들을 위해 고안된 경기로, 가죽으로 만든 공을 던지거나 굴려 흰색 표적구에 가장 가깝게 붙이는 것을 겨룹니다. 시각 장애인을 위한 종목인 골볼은 방울이 들어 있는 공을 굴려 상대 팀 골대에 넣는 경기입니다. 다양한 등급 분류와 특별 종목 때문에 패럴림픽에는 올림픽보다 더 많은 메달이 걸려 있습니다. 예를 들어, 올림픽 육상 100m에서는 남녀를 구분하여 2개의 금메달만 나오지만, 패럴림픽에서는 장애 등급에 따라 최대 20개 이상의 금메달을 *수여할 수 있습니다.

패럴림픽은 단순한 스포츠 대회를 넘어 장애인의 능력과 가능성을 보여 주는 무대입니다. 선수들이 자신의 한계를 극복하고 최고의 *기량을 펼치는 모습은 장애인에 대한 인식 개선에도 기여합니다. 패럴림픽은 장애인의 자존감을 높이고, 사회를 통합하며 더 나은 세상을 만드는 디딤돌입니다.

1 이 글의 핵심 내용을 정리하여 빈칸을 완성하세요.

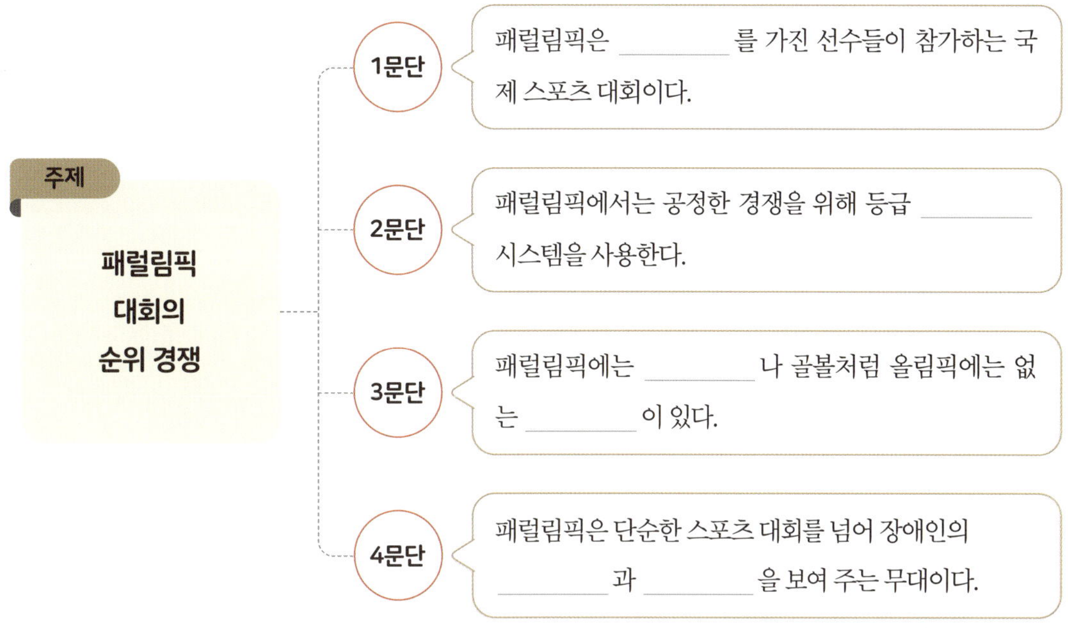

2 이 글의 내용으로 알맞지 <u>않은</u> 것은 무엇인가요? (   )

① 패럴림픽은 영국의 퇴역 군인들의 모임에서 시작되었다.
② 패럴림픽은 올림픽이 끝난 후 같은 도시에서 열린다.
③ 패럴림픽에서는 다양한 장애 정도를 가진 선수들이 한 팀을 이루기도 한다.
④ 패럴림픽 등급에서 숫자가 클수록 장애의 정도가 심하다는 뜻이다.
⑤ 패럴림픽에는 올림픽에 없는 특별한 종목도 있다.

3 패럴림픽에서 장애의 정도와 유형에 따라 등급을 나누는 까닭은 무엇인가요? (   )

① 비슷한 신체 기능을 가진 선수들끼리 경쟁할 수 있게 하기 위해서
② 경기에 참가한 장애인 선수들의 우정과 존중을 강조하기 위해서
③ 나라마다 다른 장애 등급의 국제 표준을 마련하기 위해서
④ 금지된 약물을 복용한 선수를 찾아 경기를 공정하게 치르기 위해서
⑤ 선수들이 경기 중에 입은 부상을 확인하기 위해서

4 글쓴이가 이 글을 쓴 의도로 알맞지 <u>않은</u> 것은 무엇인가요? (   )

① 패럴림픽이 지닌 사회적 의미와 가치를 알리려고
② 패럴림픽이 단순한 스포츠 대회가 아니라 용기와 희망을 나누는 자리임을 알리려고
③ 패럴림픽의 역사와 발전 과정을 소개하여 장애인 선수들이 겪었던 차별을 알리려고
④ 패럴림픽 경기의 예를 소개함으로써 패럴림픽에 대한 이해를 도우려고
⑤ 패럴림픽에서 순위를 겨루는 방식의 특징과 장점을 설명하려고

5 이 글을 보기의 갈래로 바꾸어 쓸 때 주의할 점으로 알맞지 <u>않은</u> 것은 무엇인가요? (   )

> **보기**
>
> **패럴림픽, 공정한 경쟁을 위한 등급 분류 시스템 활용**
>
> 내일 29일, 파리에서 패럴림픽 개막식이 화려하게 열립니다. 이에 따라 패럴림픽에 대한 관심도 높아지고 있습니다. (중략) 국제 패럴림픽 위원회에 따르면 패럴림픽에서의 순위 경쟁은 '등급 분류 시스템'에 의해 이루어집니다. 대회 기간 중 개최지에서 의료 전문가들이 선수의 장애 정도와 유형에 따라 등급을 배정합니다. 등급을 나누는 까닭은 공정한 경쟁을 위해서입니다.
>
> - 김 ○○기자

① 주제를 간결하고 명확하게 전달하는 제목을 써야 한다.
② 누가, 언제, 어디에서, 무엇을, 어떻게, 왜 했는지 육하원칙에 맞게 쓰는 것이 좋다.
③ 정보는 신뢰할 수 있는 출처에서 확인된 사실이어야 한다.
④ 주장을 뒷받침하기 위해 논리적인 구조를 갖추어 써야 한다.
⑤ 독자에게 정확한 정보를 신속하게 전달하는 것이 중요하다.

6 이 글과 보기를 읽고 알맞게 반응한 친구의 이름을 쓰세요.

> **보기**
>
> 양팔이 없는 미국의 양궁 선수가 2024 파리 패럴림픽에서 금메달을 차지했다. 이 선수의 기록은 패럴림픽 대회 신기록이다. 선천적으로 양팔이 없이 태어난 양궁 선수 맷 스테츠먼이 그 주인공이다. 그는 오른쪽 발가락으로 활을 고정하고 왼발로 활을 끼운 다음, 턱과 발로 시위를 당겼다. 마지막 발에서는 10점에 명중시켜 관중들에게 기립박수를 받았다.

(1) **소희** ▶ 자신의 한계를 극복하기 위해서 최선을 다한 모습이 인상적이야.

(2) **가영** ▶ 장애인과 비장애인이 서로 어울려 공정한 경기를 진행하는 것이 인상적이야.

(   )

1 다음 낱말의 알맞은 뜻을 찾아 선으로 이으세요.

(1) 퇴역하다 •

(2) 개최하다 •

(3) 부여되다 •

• ① 사람에게 권리·명예·임무 따위가 주어지다.

• ② 현역에 있다가 완전히 물러나다.

• ③ 모임이나 회의 따위를 주최하여 열다.

2 다음 문장이 완성되도록 알맞은 낱말에 ○표 하세요.

(1) 추첨을 통해 공연장의 좌석을 (배정 / 개발)했다.

(2) 레시피를 쉽게 따라할 수 있도록 조리 과정을 (세분화 / 배정)했다.

(3) 담임 선생님께서 학급 회장에게 임명장을 (수여 / 부여)하셨다.

3 다음 단어와 뜻이 비슷하거나 반대인 낱말을 보기 에서 찾아 각각 쓰세요.

보기

| 참여 | 기량 | 개최 | 경쟁 |

역량

뜻 어떤 일을 해낼 수 있는 힘.

비슷한말

협력

뜻 힘을 합하여 서로 도움.

반대말

죽란시사첩 ┃정약용

오천 년이나 되는 긴 시간 속에서 한 *시대를 함께 살아간다는 것, 삼만 리나 되는 넓은 땅 중에서 같은 나라에 산다는 것은 아주 놀라운 일이다. 그러나 같은 시대와 같은 나라에서 태어나 함께 살아가는 동안에도 모든 사람이 서로 어울릴 수 있는 것은 아니다. 나이 든 사람과 젊은 사람은 어울리기 어렵다. 또 사는 곳이 너무 멀어도 어울리기 어렵다. *출세한 사람과 출세하지 못한 사람이 서로 어울리는 경우는 드물고, 취미나 생각이 다른 사람들도 함께하기 어렵다. 사정이 이러한 까닭에, 우리가 살면서 친구로 사귀어 어울리는 *범위는 좁을 수밖에 없다.

나는 채홍원과 함께 시 모임을 만들고 싶었다.

"우리가 함께하고 싶은 사람들을 만나 시 짓는 모임을 만들어 보면 어떻겠는가?"

그러자 채홍원이 말했다.

"나와 그대는 *동갑이니, 우리보다 아홉 살 많은 사람과 아홉 살 적은 사람들 가운데서 나와 그대가 모두 원하는 사람을 찾아보세."

㉠하지만 내 생각은 달랐다. 나는 우리보다 네 살 많은 사람부터 네 살 적은 사람 사이에서 사람들을 찾아보자고 하였다. 그리하여 시를 좋아하고 생각이 잘 맞는 열다섯 사람이 모였고 서로 이렇게 약속하였다.

"봄에 살구꽃이 처음 피면 한 번 모이고, 복숭아꽃이 처음 피면 한 번 모이고, 여름에 참외가 익으면 한 번 모이고, 서늘한 초가을 연못에 연꽃이 활짝 피면 한 번 모이고, 국화꽃이 피면 한 번 모이고, 겨울이 되어 큰 눈이 내리는 날 한 번 모이고, 화분의 매화가 꽃을 피우면 한 번 모이기로 하세. 그리고 모임을 할 때는 붓과 벼루, 술과 안주를 준비하여 함께 시를 지어 *읊기로 하세. 모임 준비는 나이 어린 사람부터 나이 많은 사람까지 차례대로 돌아가면 *공평할 걸세."

"정해진 날 말고도 특별한 일이 있으면 서로 모이면 좋겠네. 아들을 낳은 사람이 있으면 *한턱내고, *벼슬을 받아 원님이 되면 한턱내고, *승진해도 한턱내고, 아들이 과거에 합격해도 한턱내기로 하세. 그러다 보면 매달 한 번씩은 모이게 될 것이야"

우리는 열다섯 명의 이름과 약속을 적은 글에 죽란시사첩이라는 제목을 붙였다. 그 이유는 그동안 모임을 대부분 죽란사에서 했기 때문이다. 죽란사는 대나무 담장이 있는 우리 집의 별명이다.

▲ 정약용이 유배 시절 살았던 다산초당

어휘 풀이

*시대 역사적으로 어떤 표준에 의하여 구분한 일정한 기간.

*출세하다 사회적으로 높은 지위에 오르거나 유명하게 되다.

*범위 일정하게 한정된 영역.

*동갑 같은 나이.

*읊다 억양을 넣고 소리를 내어 시를 읽거나 외다.

*공평하다 어느 쪽으로도 치우치지 않고 고르다.

*한턱내다 남에게 푸짐하게 한번 음식을 대접하다.

*벼슬 관아에 나가서 나랏일을 맡아 다스리는 자리.

*승진하다 직위의 등급이나 계급이 오르다.

1 이 글의 핵심 내용을 정리하여 빈칸을 완성하세요.

죽란시사 활동 계획표	
모임 구성원	시를 좋아하고 생각이 잘 맞는 열다섯 명. ('나'와 __________ 을 기준으로 네 살 위부터 네 살 아래까지)
모임 일정	1. 정기 모임 　살구꽃이 처음 필 때, 복숭아꽃이 처음 필 때, __________ 가 익었을 때, 　초가을에 연꽃이 활짝 필 때, 국화꽃이 필 때, __________ 이 내리는 날, 　화분 속 매화가 필 때. 2. 특별 모임 　아들을 낳았을 때, 벼슬을 받았을 때, 승진했을 때, 　아들이 __________ 에 합격했을 때 등.
모임 장소	__________ ('나'의 집).
준비 사항	붓, __________ , 술과 안주(나이 순으로 돌아가며 담당).

2 이 글의 내용으로 알맞지 <u>않은</u> 것은 무엇인가요? (　　　　)

① 취미와 생각이 다른 사람들이 시 모임에 모였다.
② '나'와 채홍원은 나이가 같다.
③ 가장 어린 사람이 맨 처음 모임 준비를 한다.
④ 아들이 과거에 합격한 것은 특별한 일에 해당된다.
⑤ 죽란사는 '나'가 사는 집의 별명이다.

3 이 글에 나타난 꽃과 그 꽃이 의미하는 계절을 알맞게 이은 것을 두 개 고르세요. (　　　　)

① 연꽃 – 봄　　　　② 살구꽃 – 여름　　　　③ 복숭아꽃 – 가을
④ 국화꽃 – 가을　　⑤ 매화꽃 – 겨울

4 '나'와 채홍원이 모임을 만든 이유를 알맞게 짐작한 것은 무엇인가요? ( )

① 학문을 갈고닦아 출세하기 위해
② 바르게 행동하는 법을 배워 익히려고
③ 경제적인 이익을 얻기 위해
④ 나라의 중요한 정책을 세우기 위해
⑤ 시를 읊으며 즐거움을 나누기 위해

5 ㉠을 뒷받침하는 근거로 보기를 읽고, 근거의 타당성을 바르게 판단한 것에 ○표 하세요.

보기

> 우리보다 아홉 살 많은 사람과 아홉 살 적은 사람이 서로 만나게 되면 열여덟 살의 나이 차이가 난다. 그렇게 되면 나이 적은 사람이 나이 많은 사람에게 허리를 굽혀 절을 해야 하고, 앉아 있다가도 벌떡 일어나게 될 것이다.

(1) 나이 차이가 크면 정중하게 예의를 차려야 해서 친구가 되기 어렵다는 내용이므로 ㉠의 주장을 뒷받침하는 타당한 근거가 될 수 있어. ( )

(2) 나이 차이가 크면 번거롭지만 서로에게 예의를 다 하는 좋은 문화가 생긴다는 내용이므로 ㉠의 주장을 뒷받침하는 근거로는 어색해. ( )

6 이 글과 보기를 읽고 짐작한 내용으로 알맞지 <u>않은</u> 것은 무엇인가요? ( )

보기

경상남도 하동군 축지리 문암송 <천연기념물 제491호>

이 소나무에 '문암송'이라는 이름이 붙은 이유는 예부터 이 나무 아래에서 *문인들이 시 짓는 모임을 자주 가졌기 때문입니다. 소나무가 바위틈에 뿌리를 내려 마치 바위에 걸터앉은 듯한 모습인데다 나무 아래 펼쳐진 넓은 들판과 흐르는 강물이 한 폭의 그림처럼 아름다워 문인들이 시를 쓰고 그림을 그리며 *풍류를 즐기기에 아주 좋은 장소였지요.

*문인 학문에 종사하는 사람. 문관의 직에 있는 사람.   *풍류 멋스럽게 노는 일.

① 문인들은 자연과 교감하기를 즐겼을 것이다.
② 시 모임은 문인이 많이 사는 한양에서만 열렸을 것이다.
③ 문인들은 시 모임을 통해 친목을 다졌을 것이다.
④ 문인들은 생각이 맞는 사람끼리 모이는 일을 좋아했을 것이다.
⑤ 모임에서는 시를 쓰고 그림을 그리는 등 다양한 예술 활동이 이루어졌을 것이다.

1 다음 낱말의 알맞은 뜻을 찾아 선으로 이으세요.

(1) 시대 •

(2) 승진 •

(3) 벼슬 •

• ① 관아에 나가서 나랏일을 맡아 다스리는 자리.

• ② 역사적으로 어떤 표준에 의하여 구분한 일정한 기간.

• ③ 직위의 등급이나 계급이 오름.

2 밑줄 친 낱말이 알맞게 쓰이지 않은 것에 ×표 하세요.

(1) 사람은 높은 범위에 오를수록 겸손해야 한다. ( )
(2) 그녀는 아름다운 시를 읊으며 사랑을 표현했다. ( )
(3) 그는 획기적인 프로그램을 개발하여 출세하였다. ( )

3 다음 낱말과 뜻이 비슷하거나 반대인 낱말을  에서 찾아 각각 쓰세요.

보 기

| 구걸하다 | 공평하다 | 차별하다 | 한턱내다 |

공정하다
뜻 어느 한쪽으로 치우침 없이 고르고 올바르다.

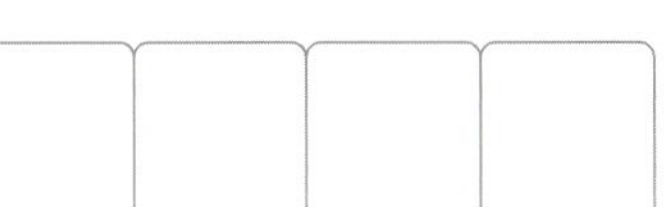

| | | | |

얻어먹다
뜻 남에게 음식을 빌어서 먹다.

| | | | |

내가 기후 변화 히어로

▲ 인류의 앞에 놓인 두 가지 미래

[어휘] 풀이

*기후 변화 일정 지역에서 오랜 기간에 걸쳐서 진행되는 기상의 변화.

*직면하다 어떤 일이나 사물을 직접 당하거나 접하다.

*유례없다 같거나 비슷한 예가 없다.

*전역 어느 지역의 전체.

*해수면 바닷물의 표면.

*침수되다 지반이 내려앉거나 해수면이 높아져 육지가 바닷물 속으로 가라앉게 되다.

*산성화 산성으로 변함.

*생물 다양성 종 다양성, 유전자 다양성, 생태계 다양성을 통틀어 이르는 말.

*아우르다 여럿을 모아 한 덩어리나 한 판이 되게 하다.

*감축 덜어서 줄임.

*정화 불순하거나 더러운 것을 깨끗하게 함.

*인식 사물을 분별하고 판단하여 앎.

　*기후 변화는 오늘날 인류가 *직면한 가장 심각한 문제 중 하나입니다. *유례없는 홍수와 가뭄으로 지구촌 *전역이 몸살을 앓고 있으며, 이는 곧 농업 생산량 감소와 식량 위기로 이어졌습니다. 빙하가 녹고 *해수면이 상승하여 태평양의 섬나라들이 *침수되고 있으며, 해양이 *산성화되어 전 세계의 산호가 죽어 갑니다. 또 환경 변화에 적응하지 못한 동식물들이 죽어 가면서 *생물 다양성이 감소하고 있습니다.

　이처럼 인류의 생존까지 위협하는 기후 변화에 대응하기 위해 우리는 어떤 일을 할 수 있을까요? 우선 나부터 기후 변화에 관심을 가지고 작은 실천을 시작해야 합니다. 그래야 개인과 정부, 지구촌을 *아우르는 더 큰 변화를 이끌 수 있습니다. 지금 당장 생활 속에서 실천할 수 있는 일들에 대해 알아봅시다.

　개인이 실천할 수 있는 가장 쉬운 기후 변화 대응은 일상에서 에너지 사용을 줄이는 것입니다. 불필요한 전등을 끄고, 에너지 효율이 높은 가전제품을 사용하며, 냉난방 온도를 적정하게 유지해야 합니다. 또 전기를 사용하지 않을 때는 콘센트를 뽑아 대기 전력 사용을 막아야 합니다.

　자동차 사용을 줄이고, 친환경 교통수단을 이용하는 것도 온실가스 배출을 줄이는 방법입니다. 대중교통을 이용하고, 자전거나 걷기를 선택하면 온실가스 *감축뿐만 아니라 개인의 건강에도 도움이 됩니다.

　소비 습관을 바꾸는 것도 중요합니다. 일회용품 사용을 줄이고 재활용 가능한 제품을 선택하며, 지역에서 생산된 농산물처럼 환경에 미치는 영향이 적은 제품을 구매하는 것이 좋습니다. 또 불필요한 소비를 줄이면 자원 낭비를 최소화할 수 있습니다.

　식물을 키워 대기 중의 이산화 탄소를 산소로 바꾸는 것도 좋은 방법입니다. 화분에 공기 *정화 식물을 키우면 공기를 깨끗하게 할 수 있고, 옥상이나 베란다에 텃밭을 가꾸면 공기 정화 효과뿐 아니라 신선하고 건강한 먹거리까지 얻을 수 있습니다.

　마지막으로 기후 변화에 대한 *인식을 넓히고 더 많은 사람의 참여를 유도해야 합니다. 기후 변화 캠페인에 참여하고, 기후 변화의 심각성과 대응 방법을 알리기 위해 노력해야 합니다. 기후 변화 대응을 지지하는 정치인에게 투표하는 것도 변화를 만드는 방법입니다.

　기후 변화는 우리 모두의 문제입니다. 개인의 작은 노력이 모여 큰 변화를 이룰 수 있습니다. 일상 속 실천으로 기후 변화에 대응합시다.

정답과 해설 20쪽

1 이 글의 핵심 내용을 정리하여 빈칸을 완성하세요.

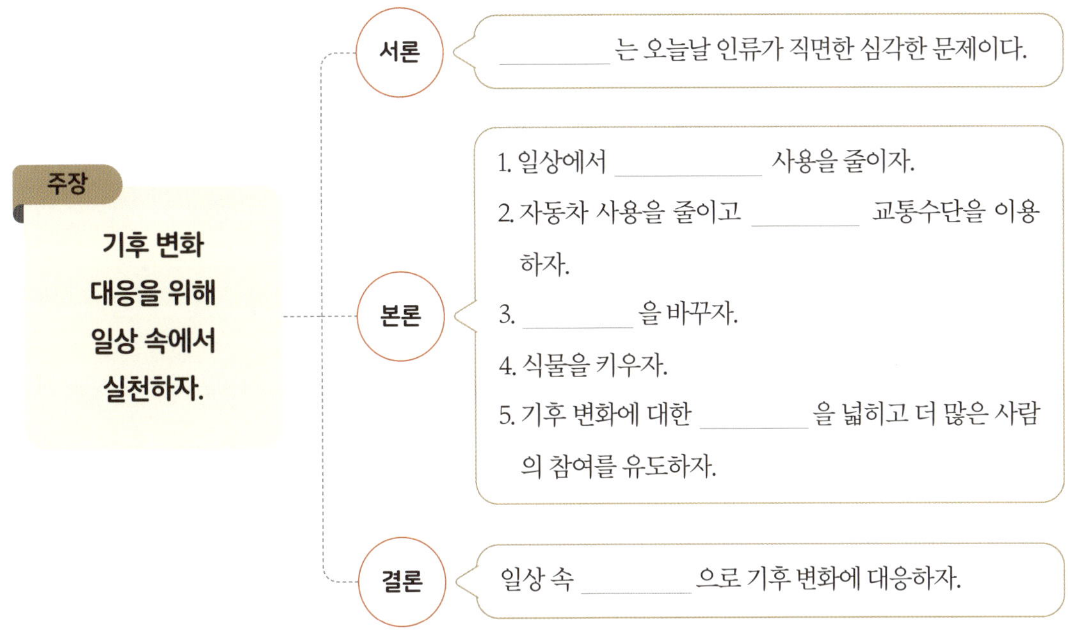

2 이 글의 내용으로 알맞은 것은 무엇인가요?　　　　　　　　(　　　　)

① 홍수, 가뭄 등 극단적인 기상 현상은 일부 지역에서만 나타난다.
② 농업 생산량이 줄어들면 다른 나라에서 농산물을 수입하면 된다.
③ 해수면이 상승하여 태평양의 섬나라들이 침수되고 있다.
④ 에너지 효율이 높은 가전제품을 사용하면 전기 요금이 많이 든다.
⑤ 기후 변화 대응은 국가적인 차원에서만 해결할 수 있다.

3 기후 변화에 대한 인식을 넓히는 방법으로 알맞지 <u>않은</u> 것은 무엇인가요?　　(　　　　)

① 기후 변화를 예방하는 캠페인에 참여한다.
② 기후 변화의 심각성을 알리는 전시회를 기획한다.
③ 기후 변화에 대응하는 방법을 담은 포스터를 그린다.
④ 기후 변화 대응을 지지하는 정치인에게 투표한다.
⑤ 기후 변화 대응을 위해 식물을 가꾼다.

4 글쓴이가 이 글을 쓴 의도로 가장 알맞은 것은 무엇인가요? ( )

① 기후 변화의 심각성을 알리고 개인적 실천의 중요성을 강조하기 위해
② 국제 협력을 하지 않는 다른 나라의 기후 정책을 비판하기 위해
③ 기후 변화가 인류에 미치는 긍정적인 영향을 설명하기 위해
④ 기후 변화로 인해 농업 생산량이 늘어날 수 있음을 알리기 위해
⑤ 기후 변화 대응을 위해 노력하는 정부의 다양한 정책을 분석하기 위해

5 이 글을 읽고 기후 변화 대응의 구체적인 실천 방법을 알맞게 말한 친구의 이름을 쓰세요.

> **리아:** 나는 소비 습관을 바꾸기로 했어. 비싼 물건은 되도록 피하고 가격이 적당한 상품을 여러 개
> 사서 비교해 볼래.
> **준영:** 나는 식물을 키워 볼래. 스킨답서스가 이산화 탄소 흡수력이 아주 뛰어나다고 하니까 마당
> 에서 한번 키워 보려고.
> **윤우:** 나는 기후 변화의 심각성을 알리기 위해 기후 변화의 위험성을 실제보다 더 크게 과장해서
> 말하고 다닐래.

( )

6 기후 변화에 대응하는 방법으로 준호와 관점이 <u>다른</u> 의견은 무엇인지 고르세요. ( )

> **보 기**
>
> **투발루에 사는 친구에게**
>
> 　친구야, 안녕? 오늘 기후 변화에 대해 공부하다가 네가 사는 투발루가 바다에 잠겨 많은 주민
> 이 다른 나라로 이주했다는 소식을 들었어. 기후 변화 때문에 사람들이 고통받고 있다는 사실이
> 정말 마음 아파. 이 문제는 개인의 실천에 맡기기보다는 정부나 국제기구가 적극적으로 나서야
> 해결될 수 있다고 생각해. 하루빨리 너와 가족이 안전하고 행복하게 살 수 있게 되기를 바라.
> 　　　　　　　　　　　　　　　　　　　　　　　　　　　　　2024년 11월 22일, 준호가

① 수력, 풍력, 태양력 등 친환경 에너지를 전국에 보급하기 위해 노력해야 한다.
② 나라별로 이산화 탄소 배출량을 정하고 이를 지키도록 하는 국제 협약을 맺어야 한다.
③ 집집마다 불필요한 전등은 끄고, 냉난방 온도를 적절하게 유지해야 한다.
④ 일회용품을 사용하는 식당이나 카페에 높은 세금을 매겨야 한다.
⑤ 사람들이 대중교통을 더 많이 이용할 수 있도록 정부에서 시설을 개선해야 한다.

정답과 해설 20쪽

1 다음 낱말의 알맞은 뜻을 찾아 선으로 이으세요.

(1) 기후 변화 •

(2) 침수되다 •

(3) 생물 다양성 •

① 종 다양성, 유전자 다양성, 생태계 다양성을 통틀어 이르는 말.

② 일정 지역에서 오랜 기간에 걸쳐서 진행되는 기상의 변화.

③ 지반이 내려앉거나 해수면이 높아져 육지가 바닷물 속으로 가라앉게 되다.

2 밑줄 친 낱말이 알맞게 쓰이지 <u>않은</u> 것에 ×표 하세요.

(1) 이번 사건은 역사상 <u>유례없는</u> 사건이다.   (　　　)

(2) <u>해수면</u> 상승으로 모래사장이 줄어들었다.   (　　　)

(3) 산업화와 함께 이루어진 도시화는 도시 인구의 <u>감축</u>을 가져왔다.   (　　　)

3 다음 빈칸에 공통으로 들어갈 알맞은 낱말을 [보기]에서 찾아 쓰세요.

보기

| 기후 변화 | 산성화 | 생물 다양성 | 온실가스 |

　　석탄, 석유, 천연가스 등의 화석 연료를 태우고, 공장에서 물품을 생산하는 등의 과정에서 많은 양의 이산화 탄소가 대기 중으로 방출됩니다. 이 이산화 탄소의 상당 부분이 바다에 녹아들면서 바닷물의 산성도를 높이고 있습니다. 바닷물이 점점 (　　　) 되는 것입니다.

　　바다가 (　　　) 되면 조개나 산호처럼 단단한 껍질이나 뼈대를 만들어야 하는 석회 생물들이 큰 어려움을 겪습니다. 또 작은 플랑크톤부터 큰 물고기까지 많은 바다 생물들의 생존에 위협이 됩니다. 결국 바다 생태계 전체가 위험에 빠질 수 있습니다.

(　　　　　　)

107

디지털 시대의 독서

디지털 시대의 *도래와 함께 사람들이 정보를 얻는 방식이 크게 변화했습니다. 과거에는 주변 지인이나 전문가에게 묻거나 정보와 관련된 책을 찾았다면, 현재는 검색 엔진, *실시간 뉴스, 전문가 영상, 메신저 등을 통해 빠르고 편리하게 정보를 얻습니다. 사람들이 이처럼 짧은 콘텐츠와 빠른 정보 습득에 익숙해지면서 책은 점점 설 자리를 잃어 가고 있습니다.

그러나 이러한 변화 속에서도 독서의 중요성은 여전히 강조되어야 합니다. 독서는 단순한 정보 *습득을 넘어 인간의 사고 능력과 감정 발달에 핵심적인 역할을 하기 때문입니다. ㉠'독서는 마음의 양식'이라는 말처럼, 독서는 우리 삶을 *풍요롭게 합니다. 그러므로 우리는 디지털 시대에도 독서를 멈추지 말고, 디지털 환경에 적합한 방법을 찾아 꾸준하게 독서해야 합니다.

디지털 환경에서 가장 널리 활용되는 독서 *수단은 바로 전자책입니다. 전자책은 휴대성이 뛰어나고 다양한 기능을 제공합니다. 메모와 하이라이트 기능을 이용하면 중요한 내용을 쉽게 정리할 수 있고 나중에 찾아보기도 쉽습니다. 또 글씨 크기, 글꼴, 여백 등을 개인의 *선호에 맞게 조절할 수 있어 편안한 독서 환경을 만들어 줍니다.

▲ 휴대성이 뛰어난 전자책

이동할 때나 주의력이 필요하지 않은 다른 활동을 할 때는 오디오북이 좋은 *선택지가 됩니다. 오디오북은 책의 내용을 사람의 목소리로 녹음하여 제공하는 콘텐츠입니다. 전문 성우의 낭독은 책의 내용을 더욱 생생하게 전달하며, 시각 장애인을 포함한 다양한 독자에게 독서의 즐거움을 *선사합니다.

독서 목표를 설정하고 독서 기록을 관리하는 등 다양한 기능을 제공하는 독서 *앱을 사용하면 더욱 체계적이고 효과적인 독서를 할 수 있습니다. 최근의 독서 앱들은 인공지능 기술을 활용하여 사용자의 *취향과 독서 습관을 분석하고, 이를 바탕으로 적합한 책을 추천하기도 합니다.

디지털 독서는 단순히 기존 독서 방식을 *대체하는 것이 아니라, 독서의 영역을 확장하고 더 많은 사람에게 독서의 가치를 *전파하는 수단이 될 수 있습니다. 디지털 독서의 확산은 독서 문화에 새로운 *활력을 불어넣을 것입니다. 디지털 독서로 우리 삶과 문화를 더욱 풍요롭게 합시다.

[어휘] 풀이

***도래** 어떤 시기나 기회가 닥쳐옴.

***실시간** 실제 흐르는 시간과 같은 시간.

***습득** 학문이나 기술 따위를 배워서 자기 것으로 함.

***풍요롭다** 흠뻑 많아서 넉넉함이 있다.

***수단** 어떤 목적을 이루기 위한 방법. 또는 그 도구.

***선호** 여럿 가운데서 특별히 가려서 좋아함.

***선택지** 미리 제시된 여러 개의 답 가운데에서 물음이나 지시에 따라 알맞은 답을 고르도록 하는 시험 형식.

***선사하다** 존경, 친근, 애정의 뜻을 나타내기 위하여 남에게 선물을 주다.

***앱** 스마트폰이나 컴퓨터 따위의 운영 체제에서 사용자의 편의를 위하여 개발된 다양한 응용 프로그램. 애플리케이션의 준말.

***취향** 하고 싶은 마음이 생기는 방향. 또는 그런 경향.

***대체하다** 어떤 것을 다른 것으로 대신하다.

***전파하다** 전하여서 널리 퍼뜨리다.

***활력** 살아 움직이는 힘.

1 이 글의 핵심 내용을 정리하여 빈칸을 완성하세요.

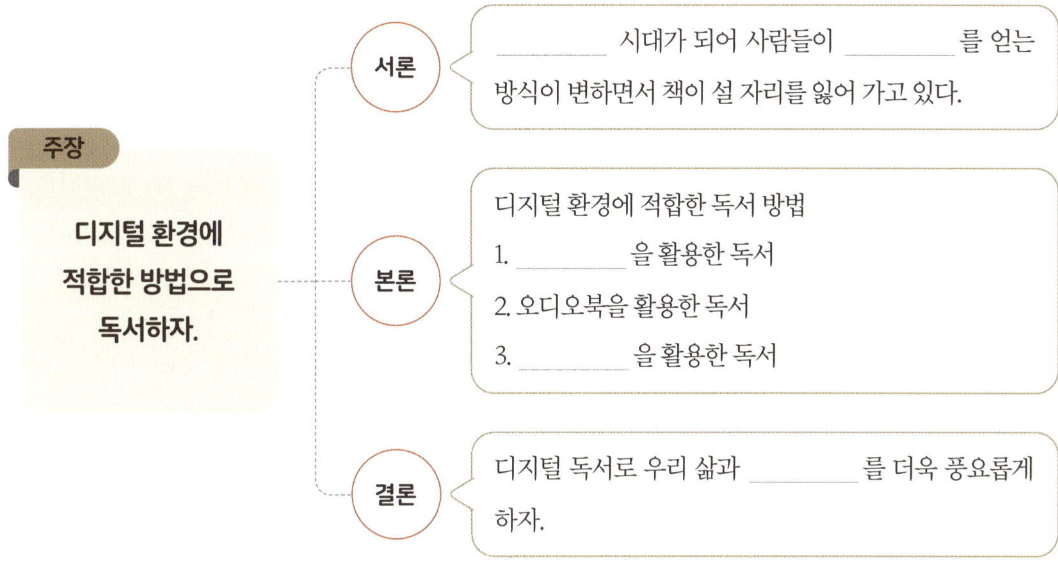

2 이 글의 내용으로 알맞지 <u>않은</u> 것은 무엇인가요? ( )

① 전자책은 디지털 기기를 무겁게 들고 다녀야 하는 단점이 있다.
② 오디오북은 전문 성우의 낭독으로 책의 내용을 생생하게 전달한다.
③ 독서 앱을 활용하면 나의 취향과 독서 습관을 분석할 수 있다.
④ 디지털 시대의 도래는 사람들의 정보 습득 방식에 큰 변화를 가져왔다.
⑤ 디지털 독서는 독서의 영역을 확장하고 독서의 가치를 전파하는 수단이 된다.

3 이 글에서 말한 독서의 중요성으로 가장 알맞은 것은 무엇인가요? ( )

① 독서는 새로운 정보를 빠르게 습득하는 데 가장 효과적이다.
② 독서는 신체 활동을 증진하여 우리 몸을 건강하게 가꾼다.
③ 독서는 인간의 사고 능력과 감정 발달에 핵심적인 역할을 한다.
④ 독서를 하면 나의 취향과 습관을 분석할 수 있다.
⑤ 독서는 즉각적인 자극과 만족감을 주는 최고의 여가 활동이다.

4 글쓴이의 의견과 상반된 관점이 드러난 의견은 무엇인가요?　　　　　(　　)

① 오디오북은 시각 장애인에게 적합한 독서 수단이다.

② 책의 내용을 기억하고 이해하는 데에는 전자책보다 종이책이 훨씬 효과적이다.

③ 독서 앱으로 독서 활동을 관리하면 독서 습관을 기를 수 있다.

④ 디지털 독서법은 종이를 사용하지 않기 때문에 환경에 도움이 된다.

⑤ 다양한 형태의 책을 읽고 즐거움과 배움을 얻는 것이 중요하다.

5 이 글을 보기 의 갈래로 바꾸었을 때 달라진 점이 <u>아닌</u> 것은 무엇인가요?　　　　(　　)

> **보 기**
>
> 수영이에게
>
> 　수영아, 안녕? 나 지윤이야. 네가 요즘 책 읽을 시간이 없어서 고민이라고 했던 이야기가 생각 나서 이렇게 편지를 썼어. 내가 최근에 전자책으로 책을 읽어 봤는데, 무겁게 책을 들고 다닐 필 요 없이 핸드폰만 있으면 언제 어디서든 읽을 수 있어서 참 좋더라. 하이라이트와 메모 기능을 이용하면 내용 정리도 정말 빨리 할 수 있더라고. 얼마 전에 오디오북도 들어 보았는데 옛날 이 야기 듣는 것처럼 실감나고, 그 장면이 상상이 되어서 너무 재미있었어. 책이 읽고 싶지만 시간 이 없을 때 정말 좋은 방법 같아! 이번 주말에 우리 집에 놀러 와서 같이 책을 보자. 독서 앱에서 추천해 준 책 중에 재미있는 책을 골라 놓을게. 주말에 만날 때까지 잘 지내고 있어!
>
> 　　　　　　　　　　　　　　　　　　　　　　　　　　2024년 11월 6일, 지윤이가

① 읽는 사람이 정해져 있다.　　　　　② 첫인사와 끝인사가 있다.

③ 개인적인 소통을 목적으로 한다.　　④ 전자책의 장점이 드러나지 않는다.

⑤ 읽는 이와의 관계를 고려하여 친근한 표현을 썼다.

6  다음 중 ㉠의 의미를 가장 알맞게 짐작한 친구의 이름을 쓰세요.

> 제희: 양식은 사는 데 필요한 먹거리를 뜻하는 말이니까, 음식이 우리 몸에 영양을 공급하듯이 책 이 우리의 마음과 정신에 영양을 준다는 뜻이 아닐까.
>
> 유준: 양식은 일정한 모양이나 형식을 의미하는 말이니까, 사람들의 마음이 비뚤어지지 않고 틀에 꼭 맞게 해 준다는 뜻 같아.
>
> 서아: 양식은 건축 양식처럼 시대별로 달라지는 형식을 구분할 때 쓰는 말이니까, 시대별로 달라 지는 마음의 차이를 의미하는 것 같아.

　　　　　　　　　　　　　　　　　　　　　　　　　　　　(　　　　)

1 다음 낱말의 알맞은 뜻을 찾아 선으로 이으세요.

(1) 도래 •

(2) 실시간 •

(3) 습득 •

• ① 실제 흐르는 시간과 같은 시간.

• ② 어떤 시기나 기회가 닥쳐옴.

• ③ 학문이나 기술 따위를 배워서 자기 것으로 함.

2 다음 문장이 완성되도록 알맞은 낱말에 ○표 하세요.

(1) 좋은 음악은 우리 생활에 (활동 / 활력)을 준다.

(2) 그들은 많은 면에서 비슷하지만 음식 (음향 / 취향) 만큼은 정말 달랐다.

(3) 정부는 오래된 화력 발전소를 태양광 발전소로 (대체할 / 선사할) 계획이라고 발표했다.

3 다음 낱말과 뜻이 비슷하거나 반대인 낱말을 보기 에서 찾아 각각 쓰세요.

보기

| 전파하다 | 대체하다 | 도래하다 | 풍요롭다 |

퍼뜨리다
뜻 널리 퍼지게 하다.

비슷한말

부족하다
뜻 필요한 양이나 기준에 미치지 못해 충분하지 않다.

반대말

사투리 기 펴는 날 | 정나래

엄마는 경상도
아빠도 경상도

*사투리 배우지 말라고
내 앞에서
*표준말을 쓰시지만

화났다 하면
툭, *튀어나오는 말

— 우야꼬!
— 좌뿌라!

㉠목에 딱 붙어 있다가
*튕겨 나갈 *기회만
*노리고 있었나 봐

엄마 아빠 화난 날은
숨어 있던 사투리가
㉡*기를 펴는 날

어휘 풀이

***사투리** 어느 한 지방에서만 쓰는 표준어가 아닌 말.

***표준말** 한 나라에서 공용어로 쓰는 규범으로서의 언어.

***튀어나오다** 겉으로 툭 비어져 나오다.

***튕기다** 다른 물체에 부딪치거나 힘을 받아서 튀어 나오다.

***기회** 어떠한 일을 하는 데 적절한 시기나 경우.

***노리다** 무엇을 이루려고 모든 마음을 쏟아서 눈여겨보다.

***기(를) 펴다** 억눌림이나 어려운 지경에서 벗어나 마음을 자유롭게 가지다.

1 이 시의 핵심 내용을 정리하여 빈칸을 완성하세요.

2 이 시에서 부모님이 표준말을 사용하시는 까닭은 무엇인가요? (   )

① '나'가 사투리 대신 표준말을 배우길 바라서
② 경상도 출신임을 알리고 싶지 않아서
③ '나'가 사투리를 알아듣지 못할까 봐
④ 사투리 쓰는 법을 잊어버려서
⑤ 사투리는 어른들만 사용하는 말이어서

3 이 시의 표현상의 특징으로 알맞지 <u>않은</u> 것은 무엇인가요? (   )

① 반복적인 표현으로 운율이 느껴진다.
② 어린이 특유의 순수하고 솔직한 시선이 담겨 있다.
③ 부모님이 화내실 때마다 두려움을 느끼는 감정을 표현했다.
④ 실제 경상도 사투리를 사용해서 시가 더 생생하게 느껴진다.
⑤ 사투리에 생명이 있는 것처럼 표현했다.

4 이 시의 시어와 그 의미를 연결한 것으로 알맞지 <u>않은</u> 것은 무엇인가요? ( )

① 화 – 강렬한 감정
② 목 – 강한 인내심
③ 경상도 – 부모님의 고향
④ 사투리 – 부모님의 진솔한 감정
⑤ 표준말 – 부모님의 다듬어진 모습

5 글쓴이가 ㉠처럼 표현한 의도를 바르게 짐작한 친구의 이름을 쓰세요.

> 진영: 사투리로 말하다 보면, 사투리가 몸에 배어 표준어를 잊어버리게 되니 늘 조심해야 한다고 말하고 싶은 것 같아.
>
> 가영: 사투리를 사용하면 더 자주 화를 내게 되므로 평소에는 꼭 표준말을 사용하라고 당부하고 싶은 것 같아.
>
> 지훈: 평소에 표준말을 써도, 감정이 격해지면 몸에 배어 있던 사투리가 저절로 나오기도 한다는 사실을 표현하고 싶었던 것 같아.

( )

6 보기를 읽고 ㉡과 바꾸어 쓸 수 있는 말로 가장 알맞은 것을 고르세요. ( )

보기

> **기(氣)** 명사 활동하는 힘.
>
> 우리말에는 '기'라는 글자가 들어간 말이 많습니다. 여기서 '기'라는 것은 활동하는 힘, 즉 우리 몸의 원동력을 의미합니다. 두렵거나 놀라서 잠시 정신을 잃는 것을 '기절'이라고 하는데, 이 말도 기가 한순간 끊어졌다는 의미로 만들어진 표현입니다.

① 기가 막힌
② 기를 쓰는
③ 기가 차는
④ 기가 죽는
⑤ 기가 사는

1 다음 낱말의 알맞은 뜻을 찾아 선으로 이으세요.

(1) 사투리 •

(2) 표준말 •

(3) 기회 •

• ① 어떠한 일을 하는 데 적절한 시기나 경우.

• ② 어느 한 지방에서만 쓰는, 표준어가 아닌 말.

• ③ 한 나라에서 공용어로 쓰는 규범으로서의 언어.

2 밑줄 친 낱말이 알맞게 쓰이지 <u>않은</u> 것에 ×표 하세요.

(1) 쥐를 <u>노리는</u> 고양이의 눈에 빛이 반짝였다. (   )

(2) 그 액체는 스펀지 속으로 빠르게 <u>튕겨</u> 나갔다. (   )

(3) 산에서 노루가 갑자기 <u>튀어나왔다.</u> (   )

3 보기 를 읽고, 밑줄 친 낱말의 뜻으로 알맞은 것의 기호를 찾아 각각 쓰세요.

보 기

펴다

㉮ 접히거나 개킨 것을 젖히어 벌리다.

㉯ 구김이나 주름 따위를 없애어 반반하게 하다.

㉰ 생각, 감정, 기세 따위를 얽매임 없이 자유롭게 표현하거나 주장하다.

(1) 아이들은 토론에서 각자의 뜻을 <u>펴기</u> 시작했다. (   )

(2) 바람이 강하게 불어 우산을 <u>펴기</u>가 아주 힘들었다. (   )

(3) 손으로 천천히 이불을 쓸어 뭉쳐 있던 주름을 <u>폈다.</u> (   )

작품 출처

쪽수	작품	출처
19	노원호, 「아버지의 머리털」	『e메일이 콩닥콩닥』, 청개구리, 2016
23	김종삼, 「장편 2」	『시인학교』, 신현실사, 1977
37	주요섭, 「사랑손님과 어머니」	『사랑손님과 어머니』, 수선사, 1948
62	강기원, 「내 기린에게」	『지느러미 달린 책』, 문학동네, 2018
112	정나래, 「사투리 기 펴는 날」	『사투리 기 펴는 날』, 아동문예사, 2017

* 저작권이 만료된 작품은 따로 표기하지 않았습니다.

사진 출처

쪽수	사진	출처
42	레오나르도 다빈치, 「모나리자」	artvee.com
68	발사 전 최종 점검 중인 다누리호	한국항공우주연구원
92	클로드 모네, 「인상, 해돋이」	artvee.com

* 게티이미지뱅크 및 퍼블릭 도메인 사진은 따로 표기하지 않았습니다.

* 이 책에 사용한 작품과 사진은 저작권자의 허락을 받아 게재하였습니다. 다만 저작권자를 찾지 못한 일부 자료는 저작권자를 확인하는 대로
  게재 허락을 받고, 출판사 통상 기준에 따라 사용료를 지불하겠습니다.

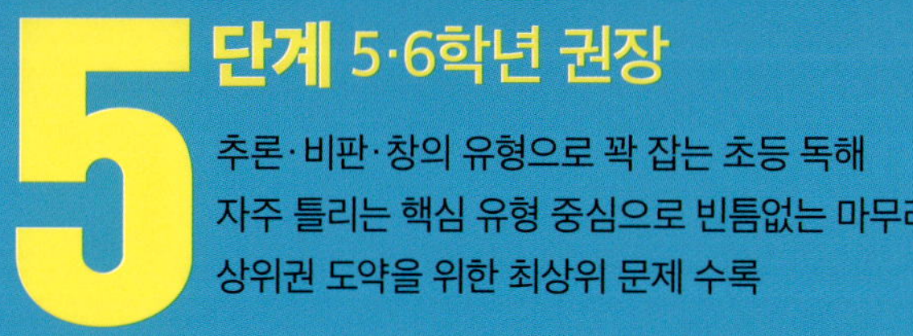

초등 상위권으로 가는 국어 독해 기술

백점백승 유형 독해

정답과 해설

메가스터디BOOKS

01 낱말의 뜻 짐작하기 `추론`

정답			08~11쪽
1 (1) ○	**2** ②	**3** ②	**4** (1) ○
5 (1) ○	**6** ①		

1 글을 읽다가 모르는 낱말이 나오면 앞뒤 문장을 살펴보고 뜻을 짐작할 수 있습니다. '㉠총력을 기울였다.'의 뜻을 짐작하기 위해서는 뒤 문장을 살펴봅니다. 뒤 문장에서 광개토 대왕이 즉위 초부터 세상을 떠날 때까지 전쟁, 외교 등 다양한 방법으로 영토를 확장시킨 것을 볼 때, ㉠은 '전체의 모든 힘을 다했다.'라는 뜻임을 짐작할 수 있습니다.

2 '번식하다'의 뜻을 짐작하기 위해 뒤 문장을 살펴봅니다. '갯벌에 생긴 물웅덩이에 습한 환경을 좋아하는 모기들이 알을 낳기 시작하면서 모기의 수가 증가하였다.'라는 내용을 볼 때, ㉠은 '수가 늘어나고 퍼진다.'라는 뜻임을 알 수 있습니다.

3 '열등감'은 자신이 남보다 못하거나 무가치한 인간으로 낮추어 평가하는 감정을 말합니다. 살리에리가 천재 모차르트보다 자신이 못하다고 생각했다는 내용을 통해 열등감의 뜻을 짐작할 수 있습니다.

4 낱말의 뜻을 짐작할 때는 뜻이 비슷한 다른 낱말로 바꾸어 확인해 볼 수 있습니다. 앞의 내용 중 "은행은 우리가 예금한 돈으로"라는 표현과 뒤 문장에 '은행은 돈을 빌려준다'는 내용을 보면 '대출'은 '돈을 빌리거나 빌려준다.'라는 뜻임을 알 수 있습니다.

5 (2) '일어나다'는 '누웠다가 앉거나 앉았다가 서다.'라는 뜻이고, (3) '살아남다'는 '여럿 가운데 일부가 죽음을 모면하여 살아서 남아 있게 되다.'라는 뜻입니다. 또 이 두 낱말은 이 글에서 사용된 낱말이 아닙니다.

6 배앓이를 할 때 장운동이 원활하지 않다는 것은 문맥상 장운동이 제대로 되지 않는다는 뜻입니다. 주어진 낱말 중에서 '제대로 되고 있다.'라는 뜻을 가진 낱말은 '순조롭다'입니다. ②'무난하다'는 '별로 어려움이 없다.', ③'느긋하다'는 마음이 흡족하여 여유가 있고 넉넉하다.'라는 뜻입니다.

02 글쓴이의 의도 파악하기 `추론`

정답			12~15쪽
1 ①	**2** (2) ○	**3** ③	**4** 개발 / 편의
5 (1) ○	**6** (2) ○		

1 이 글은 '학생 문해력 실태 조사'에서 학생들이 낱말의 뜻을 제대로 해석하지 못하고 있고, 그 원인이 디지털 기기의 사용과 연관이 있다는 내용입니다. 이 글에서 다루고 있는 문제 상황은 학생들의 문해력이 저하된 것입니다.

2 이 글의 중심 문장은 "메달의 색은 다르지만 어려운 상황 속에서 나라 잃은 슬픔을 안고, 꿈을 향해 끝까지 최선을 다해 달린 두 선수 모두 우리 가슴 속 영원한 1등이에요."입니다. 중심 문장을 통해 글쓴이는 최선을 다한 두 선수 모두 훌륭한 선수라고 말하고 있습니다.

3 이 글의 글쓴이는 층간 소음의 종류와 원리를 설명하면서 이웃에 피해가 가지 않도록 층간 소음을 줄여야 한다고 주장합니다. ㉠은 문제 상황, ㉡은 층간 소음의 종류와 원인이 나타난 부분이며, ㉢이 글쓴이의 주장이 드러난 부분, 즉 글쓴이의 의도가 잘 나타난 문장입니다.

4 글쓴이는 노인층이 키오스크 화면 내의 기능을 파악하기 어려워 이용하기를 꺼리는 문제 상황을 지적하고 있습니다. 글쓴이는 노인층의 키오스크 사용을 돕기 위해 개발할 때부터 여러 가지 편의 기능을 고려해야 한다고 주장합니다.

5 세종 대왕은 사사로운 감정이나 이해관계가 아닌 실력만으로 황희를 등용하였습니다. 글쓴이는 세종 대왕을 예로 들어 인재를 등용할 때 실력이 중요하다는 생각을 드러냈다고 짐작할 수 있습니다.

6 글쓴이는 이를 개와 비교하는 것에 기분 나빠하는 손님에게 생명을 가진 모든 것은 살기를 원하고 죽기를 싫어한다고 말합니다. 글쓴이는 생명에 차등을 두는 손님에게 모든 생명은 소중하다는 것을 알려 주기 위해 이를 예로 들어 자신의 의도를 나타낸 것입니다.

03 소재의 의미 파악하기 　추론

정답			16~19쪽
1 (1) ○	**2** (2) ○	**3** ③	**4** (2) ○
5 (1) ○	**6** (1) - ② (2) - ①		

1 평소보다 일이 잘 풀려 돈을 넉넉히 벌게 된 김 첨지는 며칠 전 설렁탕을 먹고 싶어 하던 아내가 생각나 설렁탕을 사러 갔습니다. 이러한 김 첨지의 행동을 볼 때 설렁탕은 아내에 대한 김 첨지의 사랑을 나타내는 소재임을 알 수 있습니다.

2 '저승 곳간'은 '덕을 쌓는 곳'을 의미합니다. 이승에서 덕을 쌓으면 저승 곳간에 재물이 생기고, 욕심을 부리면 재물이 쌓이지 않습니다. 원님의 저승 곳간이 비어 있는 것은 이승에서 욕심을 부리고 덕을 쌓지 않았기 때문입니다.

3 '루비'는 왕자가 가지고 있는 귀한 것이고, 오렌지를 먹고 싶어 하는 아이를 위해 루비를 기꺼이 내어 준 왕자의 행동은 희생을 의미합니다. ㉠'제비'는 루비를 전달해 주는 역할이고, ㉡'오렌지'는 왕자가 희생하는 이유입니다.

4 주한이의 사정을 알게 된 석민이는 주한이에게 화를 내서 미안하고, 상대편에게 역전당하지 않아 고마운 마음이 들었습니다. 그래서 석민이가 주한이에게 건네준 반창고는 주한이에 대한 석민이의 미안하고 고마운 마음을 의미합니다.

5 사람의 머리는 나이가 들면 하얗게 변합니다. '하얀 머리털'은 아버지가 나이 들었음을 의미합니다. '하얀 머리털'은 글쓴이가 아버지에 대해 안타까움을 느끼게 하는 소재라고 볼 수 있습니다.

6 바리데기는 태어나자마자 부모님에게 버려진 아이였지만, 부모님을 원망하기보다 부모님의 병을 낫게 하려고 주저하지 않고 약수를 구하기 위해 길을 나섭니다. 바리데기의 행동에서 '약수'는 바리데기의 부모님에 대한 효심을 알 수 있는 소재이고, 약수를 구하기 위해 가는 험한 산과 넓은 바다와 꼬불꼬불한 길은 바리데기의 고난을 의미하는 소재입니다.

04 인물의 의도 파악하기 　추론

정답			20~23쪽
1 (1) ○	**2** (2) ○	**3** (2) ○	**4** ②
5 (2) ○	**6** ②		

1 호동 왕자는 자명고를 없애야 낙랑국을 공격할 수 있다고 생각했습니다. 낙랑 공주에게 자명고를 찢어달라고 한 것은 낙랑국을 공격하고 싶었기 때문입니다.

2 할아버지는 밭을 망쳐 놓은 도깨비를 골려 주고 자신도 이득을 취할 방법으로 '소똥이나 거름을 가져다 놓았으면 큰일 날 뻔했다'고 말하며 도깨비를 속입니다. 도깨비는 사람들을 괴롭히는 것을 좋아하기 때문에 소똥이나 거름을 가져다 놓으리라 생각했기 때문입니다.

3 마사는 가게에 오는 남자가 가난한 예술가라고 짐작했습니다. 마사는 예술가는 자존심이 세기 때문에 직접 더 좋은 빵을 주면 싫어할 것이라고 생각하고, 자존심이 상하지 않도록 소방차가 지나가는 틈을 이용해 버터를 몰래 넣어 준 것입니다.

4 '나'는 엄마가 생일에 미역국을 끓여 주는 것을 알고 있습니다. 하지만 아침상에 미역국이 없자, 엄마가 자신의 생일을 잊어버렸다고 짐작합니다. 그래서 '나'는 엄마가 자신의 생일을 알고 있는지 확인하려고 ㉠과 같이 질문한 것입니다.

5 주인 영감은 거지 소녀와 장님 어버이의 행색을 보고 그들이 밥을 공짜로 얻어먹으려 한다고 생각했습니다. 그래서 그들을 쫓아내려고 소리를 질렀습니다. 하지만 거지 소녀는 밥값을 치를 돈이 있다는 것을 알려 주기 위해 말없이 돈을 보여 주었습니다. 이는 공짜 밥이 아닌 돈을 내고 밥을 먹겠다는 소녀의 의도가 담긴 행동입니다.

6 장인은 점순이의 키가 작다는 이유로 결혼을 미루고 있습니다. 하지만 장모님은 키가 작았는데도 결혼을 했습니다. 그래서 '나'는 키가 작은 장모님도 결혼했으니 점순이도 키와 상관없이 '나'와 결혼을 할 수 있다고 말한 것입니다.

05 상반된 관점 분석하기 　추론+비판

1-1 글 **가** 는 심청이 아버지를 위해 희생했으므로 효도를 했다고 주장하는 글입니다. 글 **나** 는 아버지가 원하지 않은 행동을 한 심청이는 효도한 것이 아니라고 주장하는 글입니다. 글 **가** 와 **나** 는 공통적으로 심청이가 효녀인지에 대해 이야기하고 있습니다.

1-2 글 **나** 는 효도는 부모님이 원하는 것을 드리는 것이기 때문에 심청이의 행동은 효도라고 볼 수 없다고 했습니다. 따라서 글 **나** 의 관점이 심청이가 효녀라고 생각하는 것이라고 답한 (2) 슬기의 이야기는 알맞지 않습니다.

2-1 정민이는 법이 제정된 때보다 현재 청소년들이 성숙하였기 때문에, 지훈이는 모방 범죄를 줄일 수 있으므로 촉법소년 연령 하향에 찬성하고 있습니다. 반면에 서현이는 국제적인 기준과 맞추기 위해, 은후는 어린 학생이 낙인찍히게 되는 것은 옳지 않기 때문에 촉법소년 연령 하향에 반대하고 있습니다.

2-2 촉법소년 연령 하향에 찬성하는 주장의 근거는 시대가 변했고, 모방 범죄를 줄여 사회적 정의를 실현할 수 있기 때문입니다. 촉법소년 연령 하향에 반대하는 주장의 근거는 처벌보다는 죄를 반성할 기회를 줘야 하고, 국제적인 기준에 맞춰야 하기 때문입니다.

3-1 글 **가** 는 유전자 가위 기술이 유전병 치료에 희망을 주고, 병으로 고통받는 사람들을 도울 수 있기 때문에 유전자 가위 기술에 찬성한다는 내용입니다.

3-2 글 **나** 는 안정성이 검증되지 않았고, 윤리적이지 않으며, 차별과 불평등을 초래할 수 있다는 근거를 들어 유전자 가위 기술에 반대합니다. ①의 내용은 글 **나** 에 제시되어 있지 않습니다.

06 근거의 타당성 평가하기 　추론+비판

1 글쓴이는 청소년의 경제 활동을 장려하고 지원해야 한다고 주장하는데, ②는 청소년의 경제 활동을 금지하는 이유입니다.

2 우리가 위생적인 환경에서 생활하는 것이 모두 세탁기 때문이라고 보기는 어렵습니다. 은정이의 말처럼 수도 시설 개선, 개인의 인식 변화와 같은 다른 요인들도 있기 때문입니다. '항상, 절대, 반드시, 모두' 등과 같이 지나치게 단정적인 표현은 강요하는 느낌을 주어 설득력을 떨어뜨릴 수 있습니다.

3 철민이는 게임을 해야 하는 이유가 게임을 하면 문제 해결력이 생기고, 게임은 도전이기 때문이라고 말했습니다. 하지만 게임이 어떻게 문제 해결력을 키우는지, 게임이 왜 도전인지에 대해 구체적이고 명확한 이유를 제시하지 못했습니다.

4 ⓒ은 지역의 축제를 활성화해야 한다는 글쓴이의 주장이고, 글쓴이의 주장을 뒷받침하는 근거는 ⓒ과 ⓒ입니다. 따라서 주장을 뒷받침하는 근거가 아닌 것은 ⓒ입니다.

5 글쓴이의 주장은 '탄소 발자국을 줄이자'입니다. 따라서 ⓒ에 들어갈 내용은 이산화 탄소를 줄이는 방법이어야 합니다. 따라서 ③은 추가할 근거로 적절하지 않습니다. 승용차 한 대는 버스나 지하철보다 이산화 탄소를 적게 배출하지만, 대중교통을 이용하는 사람들이 모두 승용차를 탄다면 이산화 탄소 배출량이 훨씬 많아지기 때문입니다.

6 이 글은 고구려, 백제, 신라 삼국과 가야를 동등한 국가로 인정하여 사국 시대라고 해야 한다는 주장에 반대합니다. 글쓴이는 중앙 집권 체제를 갖춘 삼국과 달리 연맹 국가인 가야는 국가로 인정하기 어렵기 때문에 삼국 시대라고 쓰는 것이 맞다고 주장합니다. 여기서 부여는 글쓴이의 주장과 관련이 없는 근거입니다.

07 구체적인 상황에 적용하기 추론+창의

정답			32~35쪽
1 ③	**2** (2) ○	**3** (1) ○	**4** ②
5 ②	**6** (1) ○		

1 ① 온돌은 바닥을 데우고 다시 바닥의 열기로 방안을 공기를 데우는 열의 전도와 복사, 대류 현상을 동시에 이용하는 난방 방식입니다. ②는 공기의 대류 현상을 이용한 예입니다. ③은 결로 현상 대비 방법입니다.

2 냉대 기후는 겨울이 더 춥고 길지만, 계절의 변화가 있습니다. 냉대 기후 지역을 여행할 때는 언제든 두꺼운 겨울옷만 있으면 되겠다는 (1) 서진의 답변은 냉대 기후의 생활에 대해 제대로 파악하지 못한 말입니다. 신선한 과일이나 채소가 비쌀 것 같다는 (2) 슬기의 답변은 일 년 내내 기온이 낮고 땅이 얼어 있어 농사짓기가 어려운 한대 기후의 생활에 대해 알맞게 짐작한 말입니다.

3 이 글은 사람의 신체 일부를 이용하여 정한 길이 측정 단위인 피트, 인치, 야드에 대한 설명입니다. 신체 일부가 단위의 기준이 된 것은 (1) '척'입니다. (2) '작'은 부피 측정 단위로 액체, 씨앗 등의 양을 잴 때 씁니다.

4 웨어러블 로봇은 ① 몸이 불편한 장애인의 움직임을 도울 수 있고, ③ 위험한 상황에서 일하는 사람들을 도와줄 수 있습니다. 하지만 ② 웨어러블 로봇을 입고 올림픽에 출전에 신기록을 세우는 것은 웨어러블 로봇이 만들어진 목적과 맞지 않습니다.

5 ② 물을 많이 쓰는 품종은 이상 기후 현상으로 가뭄이 들었을 때 문제가 될 수 있습니다.

6 트레이드오프는 무엇인가를 얻기 위해서는 다른 하나를 포기해야 하는 관계입니다. (1) 수면 시간을 줄이면 여가 시간을 늘릴 수 있고, 수면 시간을 늘리면 여가 시간이 줄어드므로 하나를 선택하면 하나를 포기해야 하는 관계에 해당합니다. 반면에 (2) 음식의 맛과 음식의 종류는 하나를 선택하면 하나를 포기해야 하는 관계가 아닙니다.

08 다른 갈래로 바꾸기 추론+창의

정답			36~39쪽
1-1 소설 / 희곡	**1-2** (1) ○	**2-1** (2) ○	
2-2 (1) ○	**3-1** (1) ○	**3-2** ②	

1-1 글 가 와 나 는 모두 「사랑손님과 어머니」라는 작품입니다. 하지만 가 는 인물, 배경, 사건을 바탕으로 이야기를 전개하는 소설, 나 는 대사, 지문으로 이야기를 전개하는 희곡입니다.

1-2 글 가 는 소설입니다. 소설을 글 나 처럼 희곡으로 바꿀 때 인물, 사건, 배경은 변하지 않습니다. 대신 인물의 말은 대사로, 행동은 지문으로 표현합니다. 희곡은 배우의 연기를 통해 이야기의 내용을 전달하기 때문입니다.

2-1 두 글은 태조 왕건이라는 인물의 이야기를 공통으로 다루지만 글의 갈래는 다릅니다. 글 가 는 태조 왕건의 생애에 관해 설명하는 설명문이고, 글 나 는 태조 왕건을 다룬 드라마를 홍보하는 광고문입니다.

2-2 설명문은 정보를 전달하는 글이고, 광고문은 정보를 전달하여 사람들이 어떠한 행동을 하도록 유도하는 글입니다. 즉, 글 나 는 「태조 왕건」이라는 드라마가 방영됨을 알리고, 사람들이 드라마를 보도록 유도하기 위해 쓴 글입니다.

3-1 글 가 와 나 는 아침 식사를 해야 한다고 설득하는 내용을 공통으로 담고 있습니다. 하지만 가 는 설명문, 글 나 는 안내문으로 글의 갈래가 다릅니다. (2)는 글 나 에 대한 설명입니다.

3-2 안내문의 주요 목적은 정보를 명확하고 효과적으로 전달하는 것입니다. 따라서 설명문을 안내문으로 바꿀 때는 안내하는 내용이 잘 드러나야 합니다. ①은 소설의 특징이고, ③은 일기나 수필의 특징입니다.

01 다시 찾은 「모나리자」

정답	42~43쪽
1 도난 / 명성	**2** (3) 파리 루브르 박물관
3 (1) ○	**4** ⑤

1 이 글은 「모나리자」가 명성을 얻게 된 계기를 설명하는 글입니다. 1문단에서는 설명하고자 하는 내용을 소개합니다. 2~4문단에서는 「모나리자」 도난 사건의 해결 과정이 드러납니다. 5문단에서는 「모나리자」를 두고 다툼이 벌어진 원인과 결과가 드러납니다.

2 프랑스 파리의 루브르 박물관에서 「모나리자」를 훔친 범인은 이탈리아 사람 빈센초 페루자였습니다. 그는 이탈리아 화가가 그린 「모나리자」를 이탈리아로 돌려보내려고 했다고 말했습니다. 페루자의 말을 두고 프랑스와 이탈리아 사이에는 서로 갈등하기도 하였지만, 결국 「모나리자」는 1914년, 프랑스 파리의 루브르 박물관으로 돌아갔습니다.

3 제리의 신고를 받은 경찰은 제리와 범인이 만나는 장소에서 범인을 체포했다고 하였습니다. 따라서 ㉠에 나타난 제리의 생각은 범인을 유인하기 위한 것으로 볼 수 있습니다.

오답이 오답인 이유

(2) 제리의 신고를 받은 경찰이 제리와 범인이 만나는 장소에서 범인을 체포한 것으로 미루어 짐작할 때 제리는 범인에게 「모나리자」를 구입할 의도가 없었던 것으로 볼 수 있습니다.

4 ㉡에 쓰인 '소홀한'은 '대수롭지 아니하고 예사로움' 또는 '탐탁하지 아니하고 데면데면한'의 뜻을 지닙니다. 이와 바꾸어 쓸 수 있는 말은 '마음이 풀어져 긴장됨이 없는'의 뜻을 지닌 '느슨한'입니다.

오답이 오답인 이유

① 친절한: 대하는 태도가 매우 정겹고 고분고분한
② 조용한: 아무런 소리도 들리지 않고 고요한
③ 차분한: 마음이 가라앉아 조용한
④ 지루한: 시간이 오래 걸리거나 같은 상태가 오래 계속되어 따분하고 싫증이 나는

02 왕오천축국전

정답	44~45쪽
1 혜초 / 천축국	**2** ④	**3** ④	**4** (1) ○

1 이 글은 신라 성덕왕 26년(727)에 승려 혜초가 지은 책 『왕오천축국전』의 일부분입니다. 이 글은 인도의 다섯 나라 중 중천축국을 여행하면서 보고 들은 것을 주로 소개하고 있는 기행문입니다.

2 이 글에서 "말과 양은 몹시 귀하여 수령이나 백성은 기르지 못한다."라고 하였습니다. 그리고 백성들이 대부분 농사를 짓는다는 내용은 제시되지 않았습니다.

오답이 오답인 이유

① 중천축국의 백성들은 대부분 가난하다고 하였습니다.
② 왕과 수령은 불교에 대한 믿음이 깊어서 부처님과 승려를 매우 공경한다고 하였습니다.
③ 사람들이 부처님의 가르침에 따라 살아 있는 생명을 죽이는 것을 좋아하지 않는다고 하였습니다.
⑤ 중천축국의 왕은 전쟁이 일어나면 직접 군사를 이끌고 나와 싸움을 한다고 하였습니다.

3 "전쟁을 할 때 코끼리가 적고 군대가 약한 나라는 질 것이 뻔하므로 오래 싸우지 않고 곧 화해를 청한다"고 하였습니다. 이로 미루어 전쟁을 할 때 코끼리가 전쟁의 수단으로 이용되며 코끼리를 많이 가질수록 힘이 센 군대라는 것을 짐작할 수 있습니다. 따라서 ㉠은 힘의 상징으로 볼 수 있습니다.

4 이 글은 혜초가 중천축국을 여행하면서 보고 들은 풍습과 생활 모습이 드러나는 기행문입니다.

오답이 오답인 이유

(2) 오천축국에서 법을 집행하는 방식을 설명하고 있지만, 이를 신라의 것과 비교하는 부분은 드러나지 않습니다.
(3) 이 글에는 글쓴이가 천축국을 여행하면서 보고 들은 내용이 드러나 있지만 천축국을 배경으로 꾸며 낸 이야기는 드러나지 않습니다.

03 생명의 나무, 맹그로브

정답			46~47쪽
1 염분 / 바람 / 생명력	**2** ③	**3** ⑤	**4** (2) ○

1 이 글은 맹그로브 나무의 생태적 특징을 설명하는 글입니다. 1문단은 설명하고자 하는 내용을 소개합니다. 2문단은 뿌리의 특징, 3문단은 잎, 가지, 나무껍질의 특징을 설명하고 있습니다. 4문단은 번식 방법을 설명하고 있습니다. 5문단에서는 점점 사라져 가는 맹그로브 나무를 보호할 것을 당부하고 있습니다.

2 이 글에서 맹그로브 나무의 꽃 피는 시기는 알 수 없습니다.
오답이 오답인 이유
① 2문단에서 맹그로브 나무의 뿌리는 공기 중에서 산소를 빨아들이는 역할을 한다고 하였습니다.
② 3문단에서 맹그로브 나무의 가지는 한 방향으로 가지를 뻗는 보통의 나무들과는 달리 여러 방향으로 복잡하게 뻗어 나간다고 하였습니다.
④ 3문단에서 맹그로브 나무의 잎에서 염분샘이라는 작은 구멍을 통해 과도한 염분을 배출하고 수분을 보존한다고 하였습니다.

3 시는 행과 연으로 구성되어 있으며 같거나 비슷한 말, 또는 글자 수 등을 반복하여 운율을 드러낸다는 점이 특징입니다. 보기에서는 연의 첫 행에 '맹그로브'를 반복하고, 1~2연의 끝부분에서 '~지'를 반복함으로써 운율이 느껴집니다.
오답이 오답인 이유
① 시에서는 말하는 이의 생각이나 느낌이 잘 드러나는 표현, 운율이 느껴지는 표현을 사용해야 합니다.
③ 일기나 수필 등에서 자신의 경험과 느낌을 솔직하게 표현합니다.

4 ㉠은 놀라운 적응력과 생존 전략을 보여 주는 동식물에 해당됩니다. ㉠의 구체적인 사례로는 환경에 적응하기 위하여 잎과 줄기가 다른 식물과 다른 형태로 변화한 선인장이 해당됩니다.

04 불개 이야기

정답			48~49쪽
1 불개 / 해 / 달	**2** ②	**3** (1) ○	**4** ①

1 이 글은 일식과 월식이라는 자연 현상이 어둠의 나라 불개들 때문에 생겨났다고 하는 옛이야기입니다. 옛날 옛적 어둠의 나라 임금님은 백성들이 어둠 때문에 불편을 겪자 불개에게 해와 달을 물어 오라고 명령합니다. 불개는 해는 너무 뜨겁고, 달은 너무 차가워서 그것들을 계속 물고 있을 수 없었습니다. 결국 빈손으로 돌아온 불개를 보고 임금님은 화를 내었고, 임금님은 지금까지도 다른 불개들에게 해와 달을 물어 오라는 명령을 반복하고 있다고 합니다.

2 이 글에서 임금님은 해를 가져오지 못한 불개에게 불호령을 내렸고, 달을 가져오지 못한 불개에게 화가 났다고 했습니다.
오답이 오답인 이유
⑤ 임금님은 처음에 가장 용맹한 불개를 불러 해와 달을 가져오라고 하였지만 불개는 해와 달을 가져오지 못했습니다. 그 이후로도 임금님은 계속 불개들에게 해와 달을 물어 오라고 명령하고 있습니다.

3 불개가 먼 길을 달려 해와 달을 찾고, 뜨거운 해와 차가운 달을 물어 오려고 한 행동은 임금님에 대한 충성심 때문으로 볼 수 있습니다.
오답이 오답인 이유
(2) 이 글에서 불개가 임금님의 근심을 덜어 주기 위해 해와 달을 가지러 간 것은 맞지만, 불개가 임금님을 친구로 여겨서 이러한 행동을 한 것으로 볼 수는 없습니다.

4 보기에서 사람들이 개기 일식과 개기 월식을 강한 불개가 해나 달을 완전히 삼킨 것으로 이해하였다는 부분에서 ㉮에 어울리는 내용은 '해나 달이 완전히 가려지는'으로 짐작할 수 있습니다. 이에 반해 부분 일식과 부분 월식을 약한 불개가 해나 달을 약간만 문 것으로 이해하였다는 부분에서 ㉯에 어울리는 내용은 '해와 달의 일부만 가려지는'으로 짐작할 수 있습니다.

05 어버이날에 왜 카네이션을 선물할까?

정답   50~51쪽

1 카네이션 / 어머니	2 ④	3 ⑵ ○	4 ⑶ ○

1 이 글은 어버이날에 카네이션을 선물하게 된 유래에 대하여 설명하는 글입니다. 1문단은 어버이날에 빨간 카네이션을 선물하는 풍습의 유래에 대해 질문하며 호기심을 유발합니다. 2~4문단은 미국에서 어머니의 날에 카네이션을 선물하는 풍습이 생겨난 유래에 대해 설명합니다. 5문단은 미국의 풍습이 우리나라에 들어와 자리잡은 과정에 대하여 설명합니다.

2 4문단에서 어머니의 날이 만들어지면서 카네이션을 선물하는 전통이 널리 퍼졌고 이때부터 카네이션에 어머니에 대한 사랑과 존경의 의미가 더해졌다고 하였습니다.

오답이 오답인 이유

③ 4문단에서 어머니의 날이 국가 기념일로 지정된 이후에 흰 카네이션을 돌아가신 어머니께 드리는 풍습이 생겼다고 하였습니다.

⑤ 우리나라가 미국의 풍습을 수용하여 어머니의 날을 국가 공식 기념일로 인정한 것은 1956년입니다. 이후 1973년에 '어버이날'로 명칭을 변경했다고 하였습니다.

3 낱말의 뜻을 짐작하기 위해서는 앞뒤의 말을 살펴봅니다. ⓛ은 추도식의 목적에 해당되므로 '추도식'의 뜻을 짐작하는 데 도움이 되는 말입니다. '추도식'의 뜻은 '죽은 사람을 생각하며 그리워하는 마음을 나누기 위해 치르는 의식'입니다.

4 이 글은 어버이날에 카네이션을 선물하게 된 유래에 대하여 설명하는 글입니다. 설명하는 글의 목적은 독자에게 대상에 대하여 알려 주는 것입니다. 그러므로 '희성'이가 이 글을 쓴 의도를 가장 알맞게 짐작한 친구입니다.

오답이 오답인 이유

⑴ 이 글에서는 어머니의 날과 어버이날의 차이점을 제시하지 않았습니다.

⑵ 이 글에서는 어버이의 날이 미국의 어머니의 날로부터 유래되었다고 하였습니다.

06 자전거 경주의 꽃, 투르 드 프랑스

정답   52~53쪽

1 자전거 / 색깔	2 ②	3 ⑴ ○	4 ④

1 이 글은 프랑스의 자전거 경주인 투르 드 프랑스에 대하여 설명하는 글입니다. 1문단에서는 투르 드 프랑스가 생겨난 유래가 드러납니다. 2~3문단은 투르 드 프랑스의 경기 방법 및 경로에 대하여 설명합니다. 4문단은 스페셜 저지에 대하여 설명합니다. 5문단은 투르 드 프랑스의 위상과 역할을 제시합니다.

2 3문단에서 투르 드 프랑스의 21개의 구간이 평지, 언덕, 산길 등 다양한 지형으로 이루어졌다고 하였습니다.

오답이 오답인 이유

① 1문단에서 투르 드 프랑스는 매년 7월에 3주에 걸쳐 열린다고 하였습니다.

③ 5문단에서 투르 드 프랑스는 프랑스의 문화를 상징하는 행사로 자리 잡았다고 하였습니다.

④ 4문단에서 투르 드 프랑스에서는 각 분야의 최고 선수들에게 색깔이 다른 스페셜 저지를 준다고 하였습니다.

⑤ 1문단에서 1903년 프랑스 스포츠 신문사의 편집장 앙리 데그랑주에 의해 창설되었다고 하였습니다.

3 ㉠의 뜻은 산악 지대의 특징과 관련하여 짐작할 수 있습니다. 또한 ㉠의 경로를 극복하는 것은 강인함과 관련된다는 것을 알 수 있습니다. 따라서 이러한 점으로 미루어 볼 때 ㉠의 뜻으로 알맞은 것은 '지형이 험하며 높고 가파르다.'입니다.

오답이 오답인 이유

⑵ '경사가 급하지 않다.'는 '완만하다'의 뜻입니다.

⑶ '막힌 데가 없이 트이고 넓다.'는 '광활하다'의 뜻입니다.

4 보기 의 갈래는 일기입니다. 일기는 자신의 솔직한 생각, 감정, 경험 등을 기록하며 자신의 하루를 성찰하는 글입니다. 그리고 일기의 읽는 이는 자기 자신뿐입니다. 따라서 독자들을 고려해야 하는 다른 글과는 달리 일기는 읽는 이의 관심사와 이해 수준을 고려하지 않아도 됩니다.

07 현금 없는 사회

정답	54~55쪽
1 현금 / 장점 / 취약 계층 / 보안	2 ③
3 (1) 찬 (2) 반 (3) 반 (4) 찬	4 (2) ○

1 이 글은 현금 없는 사회의 장점과 문제점을 설명하고 있습니다. 1문단에서는 현금 없는 사회로의 변화가 전 세계적인 추세임을 알려 주고 있습니다. 2문단은 현금 없는 사회가 지닌 장점을 설명하고 있습니다. 3문단에서는 현금 없는 사회에 대한 우려를 설명하고 있습니다. 4문단에서는 현금 없는 사회로 나아가기 위한 신중한 접근이 필요하다는 의견을 말하고 있습니다.

2 3문단에서 고령층은 새로운 기술에 적응하기 어려울 수 있다고 하였습니다.
[오답이 오답인 이유]
⑤ 디지털 결제 시스템이 모든 사람에게 무료로 제공된다는 설명은 구체적으로 제시되지 않았습니다.

3 ⑴은 현금 없는 사회의 장점 중 편의성의 근거에 해당됩니다 (2문단). 현금 대신 스마트폰이나 카드로 결제하면 현금을 챙겨 다니느라 신경 쓰지 않아도 되고, 무거운 동전을 갖고 다닐 필요도 없다고 하였습니다. ⑵와 ⑶은 현금 없는 사회의 문제점에 대한 근거에 해당됩니다. ⑷는 현금 없는 사회의 장점 중 투명성의 근거에 해당됩니다. "디지털로 이루어진 거래는 ~ 투명성이 높아진다. 이는 자금 세탁, 탈세 등 각종 금융 범죄를 예방하는 데 도움이 된다."라고 하였습니다.

4 ㉢의 안전성은 안전한 보안 기술이 있을 때 생기는 장점이기 때문에 지훈의 평가는 알맞습니다.
[오답이 오답인 이유]
⑴ "나는 현금을 챙겨 다니는 것이 그다지 불편하지 않"다는 가영이의 대답은 주관적인 의견일 뿐 ㉠의 편의성이 타당하지 않은 이유가 될 수 없습니다.
⑶ ㉡의 투명성은 거래 기록을 남겼을 때 생기는 장점을 설명한 것이기 때문에, 기록 자체에 반대하는 입장의 언급은 알맞지 않습니다.

08 한 미국 병사가 아들에게 쓴 편지

정답	56~57쪽
1 아들 / 전쟁 / 편지	2 (2) ○ (4) ○
3 ②	4 (3) ○

1 이 글은 전쟁터에 나간 아빠가 아들의 첫 번째 생일을 축하하며 아들이 전쟁의 아픔을 잊지 않고 평화의 중요성을 알려 주는 사람이 되기를 바라며 쓴 편지입니다. 편지의 처음 부분에는 아들에 대한 사랑과 그리움이 직접적으로 나타납니다. 가운데 부분은 전쟁의 비극성을 구체적으로 제시하고 평화와 인류애의 소중함을 강조하고 있습니다. 그리고 아빠가 곁에 없는 이유를 전쟁과 관련지어 설명합니다. 마지막 부분은 아들을 응원하며 편지를 마무리합니다.

2 ⑵ 이 글에서 "전쟁은 세상의 모든 비극 중 가장 끔찍한 비극"이라고 하였습니다. ⑷ 이 글에서 "네가 자라서 어른이 되면 목숨을 빼앗는 일보다 목숨을 구하는 일이, 파괴하는 일보다 건설하는 일이 훨씬 위대하다"라고 하였습니다.
[오답이 오답인 이유]
⑴ "아빠는 전쟁 때문에 ~ 네 또래의 아이들을 잊을 수가 없구나.", "지금 세상의 ~ 목숨을 잃고 있어." 등에서 전쟁 중에는 아이들이 보호를 받지 못한다는 사실이 드러납니다.
⑶ "아무리 훌륭한 이유로 전쟁을 벌였다고 하더라도 전쟁은 세상의 모든 비극 중 가장 끔찍한 비극"이라고 하였습니다.

3 이 글에서 아빠는 아들이 "전쟁의 아픔을 잊지 않는 사람"이 되기를 바란다고 하였습니다. 아들에게 바라는 바가 구체적으로 드러난 문장은 ㉡입니다.
[오답이 오답인 이유]
③, ④ 전쟁으로 인한 비극적 상황의 예시에 해당됩니다.

4 글쓴이는 비록 전쟁터에 나와 있는 처지이지만, 전쟁의 아픔과 슬픔을 잊지 말고 평화를 지켜야 한다는 관점을 지니고 있습니다. 따라서 전쟁을 단지 과거의 일이라고 보는 '호영'이의 관점은 글쓴이의 관점과 반대되는 관점입니다.

09 노인과 바다

<table>
<tr><td colspan="2">정답</td><td align="right">58~59쪽</td></tr>
<tr><td>1 어부 / 바다 / 물고기(청새치)</td><td>2 ⑤</td><td></td></tr>
<tr><td>3 (2) ○</td><td>4 (1) ○ (2) ○</td><td></td></tr>
</table>

1 『노인과 바다』는 쿠바 연안에서 혼자 사는 늙은 어부 산티아고의 이야기를 다루는 소설입니다. 이 글은 소설 『노인과 바다』에서 84일 동안 고기를 잡지 못한 산티아고(노인)가 거대한 물고기(청새치)를 낚는 장면을 제시하고 있습니다.

2 노인은 "그놈은 절대 그냥 가지 않을 거야. 아마 물속을 한 바퀴 도는 중이겠지."라고 하였습니다.

오답이 오답인 이유

① 노인은 혼자 바다로 나갔습니다.

② 노인은 낚싯줄에서 떨리는 느낌이 오자 큰 고기가 잡히길 기대했습니다.

④ "깊은 바닷속에서 청새끼가 미끼로 달아 놓은 정어리 새끼들을 먹고 있는 것이리라."에서 노인이 청새치를 잡을 미끼로 정어리를 매달아 놓았음을 알 수 있습니다.

3 ㉠의 다음 행동은 낚싯줄을 조심스럽게 잡고, 다른 낚싯줄의 움직임에도 시선을 준 것입니다. 따라서 ㉠의 의도는 물고기가 눈치채지 못하게 조용히 배를 세우고 낚시에 집중하기 위해서입니다.

4 (1) 노인은 물고기를 잡지 못한 지 85일째나 된 날에도 물고기를 잡을 수 있을 것이라고 생각합니다. 이는 노인의 인내심과 희망을 보여 주려는 의도로 볼 수 있습니다. (2) 노인은 바닷속 물고기의 행동을 예측하였고, 이후 "낚싯줄을 당기는 느낌"을 통해 그 예측이 어느 정도 맞을 것이라는 점을 짐작하게 합니다. 이는 노인의 풍부한 경험과 지혜를 보여 주려는 의도로 볼 수 있습니다.

오답이 오답인 이유

(3) 노인이 물고기가 미끼를 물지 않고 망설이고 있다고 예측한 점은 사실이지만 이러한 내용이 노인의 과학적 분석 능력을 보여 준다고는 볼 수 없습니다.

10 발효와 부패

<table>
<tr><td colspan="2">정답</td><td align="right">60~61쪽</td></tr>
<tr><td>1 부패 / 발효</td><td>2 ④</td><td></td></tr>
<tr><td>3 (2) ○</td><td>4 김치, 요구르트</td><td></td></tr>
</table>

1 이 글은 발효와 부패의 공통점과 차이점을 중심으로 각각의 특징을 설명하는 글입니다. 1문단은 질문을 통해 설명 대상에 대한 호기심을 유발합니다. 2~3문단은 발효와 부패의 차이점을 설명합니다. 4문단은 발효의 특징과 발효를 돕는 대표적인 미생물을 설명하고, 5문단은 부패의 특징과 부패를 돕는 대표적인 세균을 설명합니다.

2 3문단에서 부패는 특별한 조건 없이 자연 상태에서 저절로 일어나지만 발효는 특별한 조건과 환경을 갖추었을 때만 일어난다고 하였습니다.

오답이 오답인 이유

① 5문단에서 부패균이 음식물을 분해하는 과정에서 독소를 만들어 식중독과 같은 질병을 유발한다고 하였습니다.

② 4문단에서 발효는 음식의 맛과 향, 질감을 좋게 만들고, 음식을 오랫동안 보존할 수 있게 한다고 하였습니다.

③, ⑤ 4문단에서 젖산은 천연 방부제 역할을 하고, 효모는 음식물 속 당분을 분해해서 이산화 탄소와 에탄올을 만든다고 하였습니다.

3 4문단에서 젖산이 프로바이오틱스 생성을 촉진하여 소화와 장 건강에 도움을 준다고 하였습니다.

오답이 오답인 이유

(1) 이 글에서 식품이 발효되면 칼로리가 높아진다는 내용은 제시되지 않았습니다.

(2) 이 글에서 발효되면서 만들어진 당분이 면역력을 높인다는 내용은 제시되지 않았습니다.

4 4문단에서 프로바이오틱스 생성을 촉진하여 소화와 장 건강에 도움을 주는 젖산은 김치나 요구르트, 치즈 등에 특히 많다고 하였습니다.

11 내 기린에게

정답	62~63쪽
1 노래 / 세상 / 하나	2 ①
3 (1) ○	4 ③

1 이 시는 나와 다른 존재(기린)의 특성을 존중하면서도 그들의 성장을 돕고 싶어 하는 애정 어린 마음을 주제로 하는 시입니다. 1연은 기린에게 노래를 가르쳐 주고 싶다는 생각을 표현합니다. 2연은 기린에게 우는 법을 알려 주고 싶다는 생각을 표현합니다. 3연은 기린에 대한 특별한 애정을 표현합니다. 4연은 기린과 가까워지고 싶은 마음을 표현합니다.

2 1연에서 말하는 이는 노래할 줄 모르는 기린에게 노래를 가르쳐 주겠다고 하였습니다.

3 ㉠에서 말하는 이는 '나'에게 노래하는 법과 우는 법을 배운 기린에게 "넌 세상에서 단 하나뿐인 멋진 기린"이라고 말합니다. 이는 '나'를 통해 특별하게 성장한 기린을 칭찬하려는 의도를 보여 줍니다.

[오답이 오답인 이유]

(2) '내 기린'은 '나'에게 노래와 우는 법을 배웠으므로 감정을 표현할 수 있습니다.

(3) 소리 없이 조용한 기린은 노래할 줄 모르고, 울지 않는 다른 기린들입니다.

4 보기의 갈래는 소설입니다. 인물, 배경, 사건은 소설의 구성 요소로, 보기에는 이 3가지가 잘 드러나 있습니다.

[오답이 오답인 이유]

① 설명하는 글 또는 주장하는 글에서는 객관적이고 믿을 수 있는 자료를 제시해야 합니다.

② 글쓴이의 주장과 근거가 명확하게 드러나는 것은 주장하는 글의 특징입니다.

④ 반복적인 표현을 사용하여 운율을 느끼게 하는 갈래는 시입니다.

⑤ 글쓴이의 개인적인 생각이나 감정, 경험 등이 잘 드러나는 갈래는 일기나 수필입니다.

12 선의의 거짓말에 반대합니다

정답	64~65쪽
1 착한 / 문제 / 진실	2 ①
3 (1) ①, ④ (2) ②, ③	4 (2) ○

1 이 글은 선의의 거짓말을 사용하는 것에 반대한다고 주장하는 글입니다. 1문단은 선의의 거짓말을 정의하고 있습니다. 2문단은 선의의 거짓말이 여러 가지 문제를 일으킬 수 있다는 점을 언급합니다. 3~5문단은 선의의 거짓말로 인해 생길 수 있는 문제를 설명합니다. 6문단에서는 선의의 거짓말보다는 진실이 더 나은 결과를 가져온다는 점을 강조하고 있습니다.

2 3문단에서 선의의 거짓말은 신뢰를 무너뜨려 관계에 악영향을 미친다고 하였습니다.

[오답이 오답인 이유]

④ 하버드 대학교 의대 교수팀의 연구 결과에서는 작은 거짓말이라도 반복되면 관계의 질을 크게 떨어뜨릴 수 있다고 하였습니다.

⑤ 4문단에서 선의의 거짓말은 잘못된 행동을 고치지 못하게 한다고 하였습니다.

3 (1) 1문단에서 선의의 거짓말은 다른 사람의 감정을 보호하거나 상황을 부드럽게 만들기 위해 쓰인다고 하였습니다. 따라서 ①과 ④는 찬성의 근거로 알맞습니다. (2) 6문단에서 "선의의 거짓말이 더 나은 선택지처럼 보일 수 있지만, 멀리 보면 진실이 항상 더 나은 결과를 가져옵니다."라고 하였으므로 ②는 반대의 근거로 알맞습니다. 또한 4문단에서 선의의 거짓말은 잘못된 행동을 고치지 못하게 한다고 하였으므로 ③은 반대의 근거로 알맞습니다.

4 서준이의 말처럼 글쓴이는 선의의 거짓말이 여러 문제를 일으키고 장기적으로는 이익이 되지 않는다고 주장하는데, 거짓말을 잘하면 이익을 얻는다는 말은 주장과 반대되는 내용이므로 타당하지 않습니다.

[오답이 오답인 이유]

'절대로, 항상, 전혀' 같은 극단적인 표현은 근거의 타당성을 떨어뜨립니다.

01 다누리호의 도전

정답 | 내용 이해 / 유형 실전			68~70쪽
1 해설 참고	**2** ④	**3** ③	**4** 승재
5 ⑤	**6** ⑤		

1

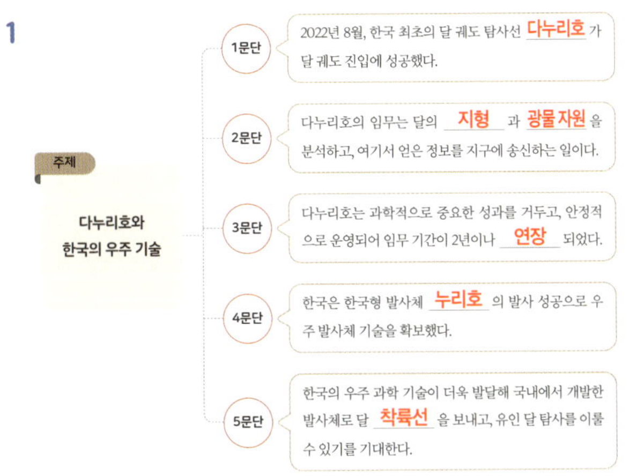

2 3문단에서 다누리호의 임무 기간이 계획보다 2년 더 늘어났다는 것을 알 수 있습니다.

3 5문단에서 앞으로 사람을 태운 탐사선을 보내 달 탐사를 이룰 수 있기를 기대한다고 하였습니다. 이를 통해 우리나라는 아직 우주인이 탑승한 탐사선을 보낸 적이 없음을 짐작할 수 있습니다. 따라서 다누리호에도 탑승한 우주인이 없음을 짐작할 수 있습니다.

오답이 오답인 이유

① 다누리호에 편광 카메라와 같은 장비가 있음을 알 수 있지만 어떤 과학 장비들을 지녔는지는 제시되지 않았습니다.
② 다누리호가 달의 지형과 광물 자원을 분석하였음을 알 수 있지만 어떤 광물 자원을 찾아냈는지 제시되지 않았습니다.
④, ⑤ 이 글에서 이와 관련된 내용이 구체적으로 제시되지 않았으므로 이 글을 읽고 떠올린 질문으로 알맞습니다.

4 탐사선 다누리호의 역할은 지형과 광물 자원을 분석하는 것입니다. ㉠ 앞의 '달 표면', ㉠ 뒤의 '분석'이라는 말로 미루어 볼 때 '탐사'는 '알려지지 않은 사실을 샅샅이 조사하는 일'이라고 볼 수 있습니다. 따라서 ㉠을 알맞게 짐작한 친구는 승재입니다.

오답이 오답인 이유

선우의 설명은 '발사'의 의미에 가깝습니다. 지우의 설명은 '공전'의 의미에 가깝습니다.

5 다누리호의 임무는 달의 지형과 광물 자원을 분석하는 것이므로, 다누리호의 탐사 정보 역시 그와 관련된 것입니다. 따라서 달 지형 정보를 바탕으로 기지 건설에 적합한 곳을 찾는 것은 다누리호의 탐사 정보를 적용한 구체적인 사례가 될 수 있습니다.

6 1문단과 에서 달 탐사선을 보낸 나라들이 제시되어 있지만, 아폴로 11호 외에 다른 나라에서 '유인 달 탐사'에 성공했다는 내용은 찾아볼 수 없습니다.

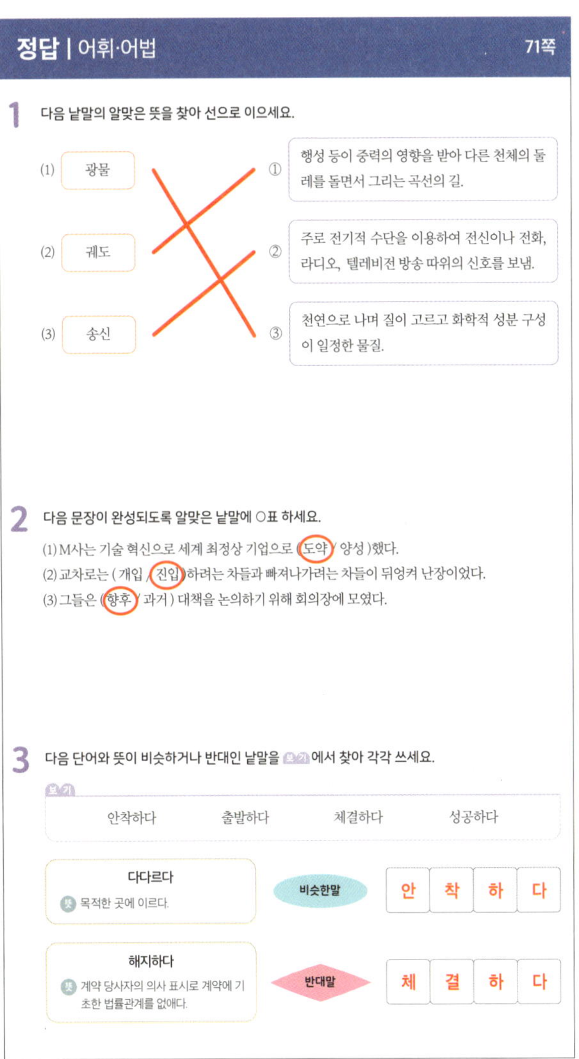

정답 \| 어휘·어법   71쪽

1 다음 낱말의 알맞은 뜻을 찾아 선으로 이으세요.

(1) 광물
(2) 궤도
(3) 송신

① 행성 등이 중력의 영향을 받아 다른 천체의 둘레를 돌면서 그리는 곡선의 길.
② 주로 전기적 수단을 이용하여 전신이나 전화, 라디오, 텔레비전 방송 따위의 신호를 보냄.
③ 천연으로 나며 질이 고르고 화학적 성분 구성이 일정한 물질.

2 다음 문장이 완성되도록 알맞은 낱말에 ○표 하세요.
(1) M사는 기술 혁신으로 세계 최정상 기업으로 (**도약** / 양성)했다.
(2) 교차로는 (개입 / **진입**)하려는 차들과 빠져나가려는 차들이 뒤엉켜 난장이었다.
(3) 그들은 (**향후** / 과거) 대책을 논의하기 위해 회의장에 모였다.

3 다음 단어와 뜻이 비슷하거나 반대인 낱말을 보기에서 찾아 각각 쓰세요.

보기
안착하다   출발하다   체결하다   성공하다

다다르다
목적한 곳에 이르다.
비슷한말 → 안 착 하 다

해지하다
계약 당사자의 의사 표시로 계약에 기초한 법률관계를 없애다.
반대말 → 체 결 하 다

02 선원들의 목숨을 구한 레몬

정답 | 내용 이해 / 유형 실전			72~74쪽
1 해설 참고	**2** ②	**3** ④	**4** ④
5 ④	**6** ⑤		

1

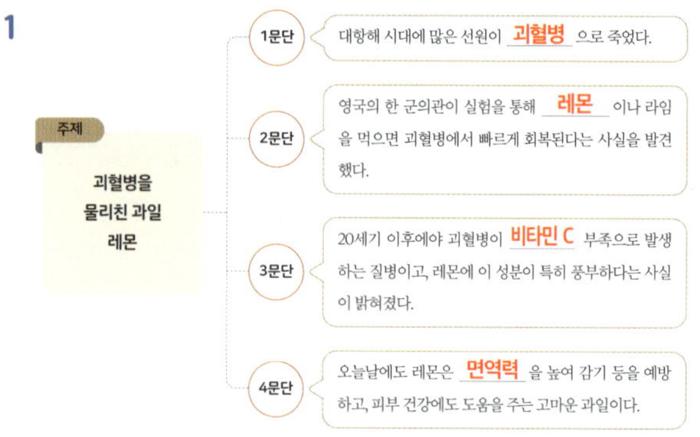

2 18세기에 영국의 군의관 제임스 린드가 레몬이나 라임을 먹으면 괴혈병에서 빠르게 회복될 수 있다는 사실을 밝혔습니다. 그렇지만 정확히 어떤 성분이 괴혈병을 낫게 하는지는 여전히 미스터리였다고 했습니다. 괴혈병이 생기는 원인이 비타민 C 부족 때문이라는 사실이 알려진 것은 20세기 초라고 했습니다.

오답이 오답인 이유

① 15~17세기는 대항해 시대였으며 무수한 선원이 괴혈병으로 목숨을 잃었다고 하였습니다.

3 1문단에서 괴혈병에 걸리면 "극심한 피로에 시달리다가 잇몸이 붓고 피가 나기 시작"한다고 하였습니다.

4 '예방'은 '질병이나 재해 따위가 일어나기 전에 미리 대처하여 막는 일'을 뜻합니다. 따라서 레몬을 먹어 괴혈병에 미리 대처했다는 의미를 담은 ㉣이 예방의 사례와 관련된 문장으로 알맞습니다.

5 이 글은 비타민 C 섭취 부족으로 생기는 질병의 예방과 치료에 레몬이 중요한 역할을 했다는 내용을 담고 있습니다. 따라서 비타민 부족에 대한 대책을 담은 ④가 가장 알맞습니다.

6 보기 는 콜럼버스가 항해 중 괴혈병에 걸린 선원들을 무인도

에 두고 갔다가 돌아오는 길에 그 섬에 들러 병든 선원들이 모두 건강해진 것을 보고 놀랐다는 내용을 담고 있습니다. 따라서 ⑤ 콜럼버스가 쿠라사오 섬에 대하여 미리 알고 있었다는 내용은 알맞지 않습니다.

오답이 오답인 이유

① 콜럼버스가 그 섬에 쿠라사오라는 이름을 붙인 점에서 짐작할 수 있습니다.

② 콜럼버스는 그 섬이 괴혈병을 치료해 주었다고 생각했다는 점에서 짐작할 수 있습니다.

③ 본문에서 20세기 초까지 괴혈병의 원인이 밝혀지지 않았다고 한 내용으로 짐작할 수 있습니다.

④ 본문에서 괴혈병의 원인이 비타민 C 부족에 있고, 과일에 비타민 C가 풍부하다고 한 내용으로 짐작할 수 있습니다.

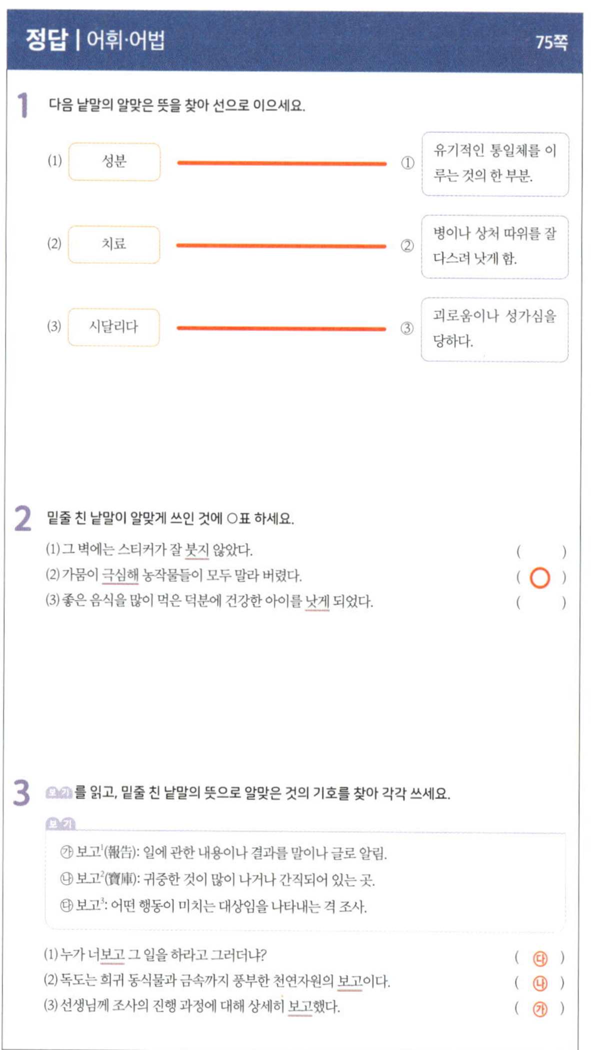

정답 | 어휘·어법	75쪽

1 다음 낱말의 알맞은 뜻을 찾아 선으로 이으세요.

(1) 성분 ——— ① 유기적인 통일체를 이루는 것의 한 부분.

(2) 치료 ——— ② 병이나 상처 따위를 잘 다스려 낫게 함.

(3) 시달리다 ——— ③ 괴로움이나 성가심을 당하다.

2 밑줄 친 낱말이 알맞게 쓰인 것에 ○표 하세요.

(1) 그 벽에는 스티커가 잘 붓지 않았다. ( )
(2) 가뭄이 극심해 농작물들이 모두 말라 버렸다. (○)
(3) 좋은 음식을 많이 먹은 덕분에 건강한 아이를 낫게 되었다. ( )

3 보기 를 읽고, 밑줄 친 낱말의 뜻으로 알맞은 것의 기호를 찾아 각각 쓰세요.

보기
㉮ 보고(報告): 일에 관한 내용이나 결과를 말이나 글로 알림.
㉯ 보고(寶庫): 귀중한 것이 많이 나거나 간직되어 있는 곳.
㉰ 보고³: 어떤 행동이 미치는 대상임을 나타내는 격 조사.

(1) 누가 너보고 그 일을 하라고 그러더냐? (㉰)
(2) 독도는 희귀 동식물과 금속까지 풍부한 천연자원의 보고이다. (㉯)
(3) 선생님께 조사의 진행 과정에 대해 상세히 보고했다. (㉮)

03 동백꽃

<table>
<tr><td colspan="4">정답 | 내용 이해 / 유형 실전   76~78쪽</td></tr>
<tr><td>1 해설 참고</td><td>2 ⑤</td><td>3 ①,④</td><td>4 ②</td></tr>
<tr><td>5 ④</td><td>6 (2) ×</td><td></td><td></td></tr>
</table>

1

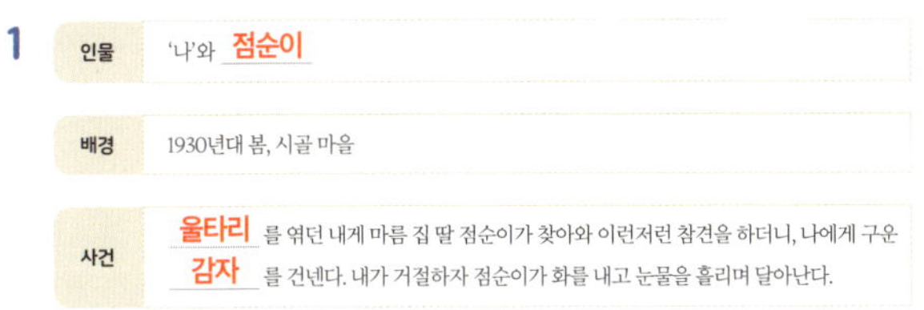

2 이 글에서 '엎어질 듯 자빠질 듯'이라는 표현은 넘어질 것 같은 위태로움이 느껴짐을 의미하는 것이지 실제로 넘어졌다는 의미는 아닙니다.

3 점순이는 울타리를 엮는 '나'에게 다가와 말을 걸고 감자 세 알까지 주었으므로 본체만체했다는 설명은 알맞지 않습니다. 또한 점순이는 '나'가 점순이가 주는 감자를 거절할 때 가는 기색도 없이 씩씩대고 얼굴이 새빨개져서는 '나'를 쏘아보고 눈물까지 흘린 것 같았습니다. 그러고는 바구니를 다시 집어 들어 논둑으로 달아났다고 했을 뿐, 점순이가 깜짝 놀라 뒷걸음치는 모습을 나타내는 표현은 찾아볼 수 없습니다.

오답이 오답인 이유

② 2문단에서 "남이 들을까 손으로 입을 틀어막고는 그 속에서 깔깔댄다."라고 하였습니다.

③ 3문단에서 "행주치마 속으로 꼈던 바른 손을 뽑아서 내 턱 밑으로 불쑥" 내밀었고, 내 손에 감자 세 개가 쥐어졌다고 했습니다.

4 인물의 말과 행동에서 소재에 담긴 뜻을 짐작할 수 있습니다. 점순이가 행주치마 속에서 더운 김이 확 끼치는 감자들을 꺼내 주는 행동이나 "너, 봄 감자가 맛있단다."라는 말에서 점순이가 '나'를 좋아한다는 것을 짐작할 수 있습니다.

5 울타리를 엮는 '나'에게 말을 거는 점순이의 행동을 '쌩이질', '긴치 않는 수작'이라고 표현하는 것으로 보아 '나'는 점순이에게 호감을 사고 싶은 마음이 없습니다.

오답이 오답인 이유

③ 점순이의 "느 집엔 이거 없지?"라는 말이 '나'의 가난한 형편을 무시하는 말로 여겨져 기분이 나빴을 것입니다.

⑤ 앞부분 줄거리에서 '나'는 빌려 쓰는 땅에 문제가 생길까 봐 점순이의 괴롭힘에도 어쩌지 못하고 당하기만 한다고 했으므로, '나'가 마름 집 딸 점순이와 거리를 두고 싶어 한다는 사실을 짐작할 수 있습니다.

6 점순이는 마름 집 딸이고 '나'는 소작농의 아들이므로 신분의 차이가 있다고 볼 수 있습니다. 그러나 점순이가 내가 하는 일에 관심을 보이는 이유는 점순이가 '나'를 좋아하기 때문이지 높은 신분을 이용하여 간섭하려는 것이 아닙니다.

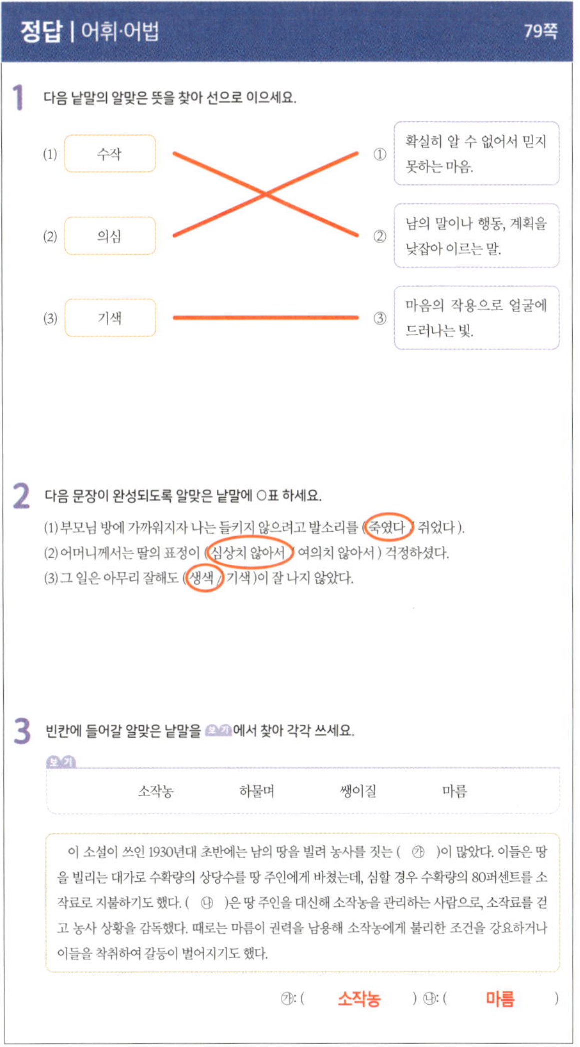

04 아름다운 섬, 독도 방문기

정답 | 내용 이해 / 유형 실전			80~82쪽
1 해설 참고	**2** ⑤	**3** ④	**4** ②
5 ⑤	**6** ①		

1

2 이 글에 독도의 역사적 자료를 전시한 박물관에 대한 내용은 제시되지 않았습니다.

오답이 오답인 이유

② 섬기린초는 독도에만 서식하는 식물입니다.

3 아버지의 말씀에서 독도는 화산 활동으로 만들어진 바위섬임을 알 수 있습니다.

오답이 오답인 이유

① 동도는 평탄한 봉우리 모양입니다.

② 서도는 뾰족한 원뿔 모양입니다.

③ 독립문 바위는 독립문을 닮은 모양이라서 붙여진 이름일 뿐 일제 강점기에 형성되었다는 설명은 없습니다.

⑤ 독도는 동도와 서도 및 89개의 부속 도서로 총 91개의 섬으로 이루어져 있습니다.

4 '빼어나다'는 '여럿 가운데서 두드러지게 뛰어나다.'라는 의미를 지닌 낱말입니다. 따라서 ㉠은 ②로 바꾸어 쓸 수 있습니다.

5 보기의 갈래는 보고서입니다. 보고서는 특정 주제나 문제에 대한 정보를 체계적으로 정리하고 객관적으로 전달하는 글입니다. 따라서 사실에 기반한 정보와 자료를 중심으로 서술해야 합니다.

6 이 글과 <보기>에서 동도와 서도의 형성 과정이 다르다는 점을 짐작할 수 있는 근거는 없습니다. 이 글에서 독도는 화산 활동으로 만들어진 바위섬이라고 하였습니다.

오답이 오답인 이유

②, ③ 보기에서 독도가 육지와는 한 번도 연결된 적 없는 섬이라고 하였고, 이 글에서는 독도에는 희귀한 동식물이 많다고 하였습니다. 따라서 독도가 육지와 한 번도 연결된 적 없는 섬이기 때문에 독도에 독특한 생태계가 형성되었음을 짐작할 수 있습니다.

④, ⑤ 보기에서 독도가 바다 한가운데에서 파도와 싸우고 있다는 내용과 이 글에서 독립문 바위가 거센 바람과 바닷물에 계속 침식되었다는 점을 근거로 짐작할 수 있는 내용입니다.

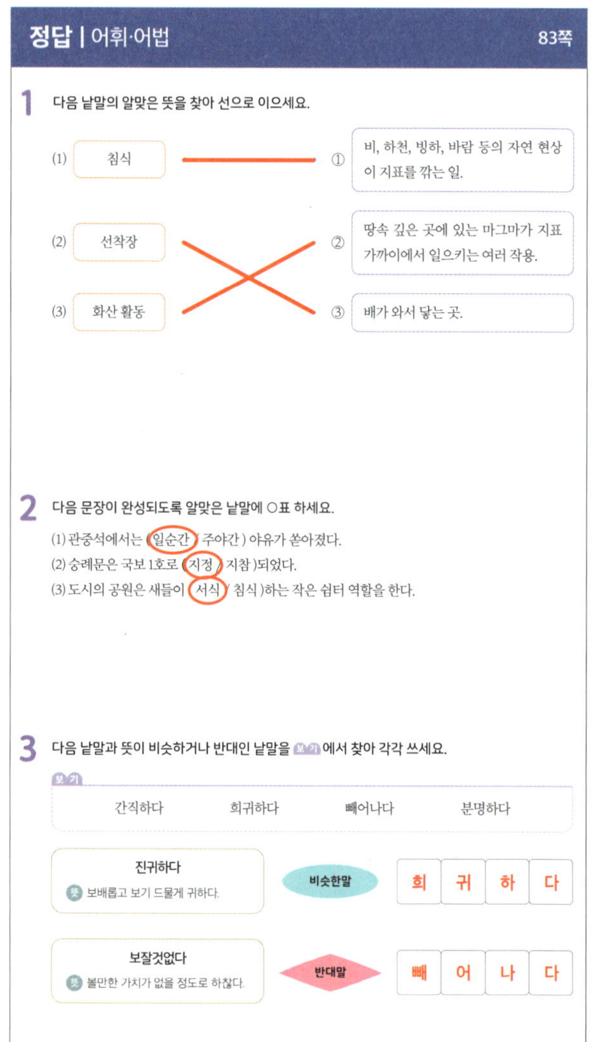

05 대세는 가치 소비!

<table>
<tr><td colspan="4">정답 | 내용 이해 / 유형 실전</td><td>84~86쪽</td></tr>
<tr><td>1 해설 참고</td><td>2 ③</td><td>3 ①</td><td colspan="2">4 ③</td></tr>
<tr><td>5 ⑤</td><td>6 ②</td><td></td><td></td><td></td></tr>
</table>

1

가치 소비의 뜻	가치 소비란 그 물건이 우리 사회와 __환경__ 에 끼치는 영향을 고려하여 책임감 있게 __소비__ 하는 것이다.
가치 소비 사례	1. __제로 웨이스트__ 운동은 쓰레기를 줄이려는 노력이다. 2. __비건 뷰티__ 는 동물 실험을 하지 않고 동물성 원료를 사용하지 않는 화장품을 선택하는 것이다. 3. __업사이클링 패션__ 은 버려지는 옷이나 소재를 재활용하여 새로운 제품을 만드는 것이다.
가치 소비의 긍정적 영향	1. 사회와 환경에 긍정적인 영향을 미칠 수 있다. 2. __책임감__ 있는 소비자가 될 수 있고, 불필요한 소비를 줄일 수 있다.

2 이 글에는 버려지는 옷이나 소재를 재활용한 업사이클링 패션의 품질이 떨어진다는 내용은 제시되지 않았습니다.

오답이 오답인 이유

⑤ 2문단에서 제로 웨이스트 운동의 하나로 라벨 없는 생수병을 소개했습니다. 따라서 쓰레기를 줄이기 위해 라벨 없는 생수병을 구매하는 것도 가치 소비의 예라고 볼 수 있습니다.

3 이 글에서 가치 소비의 긍정적인 영향으로 가장 저렴한 가격으로 물건을 구매할 수 있다는 내용은 제시되지 않았습니다.

4 근거는 주관적인 의견이나 감정이 아닌 객관적인 사실에 기반해야 합니다. '훨씬 더 아름답고 특별하다'는 모호하고 주관적인 표현이므로 타당한 근거로 볼 수 없습니다.

5 가치 소비의 대표적인 예로 제로 웨이스트 운동이 있습니다. 제로 웨이스트 운동은 쓰레기 배출을 0(제로)에 가깝게 최소화하자는 캠페인입니다. 그러므로 음식을 포장할 때 집에서 가져간 그릇을 사용하는 것은 '가치 소비'에 찬성하는 행동이라고 볼 수 있습니다.

6 로컬 푸드의 장점 중에서 환경을 보호한다는 내용을 뒷받침하는 것은 ②입니다. 로컬 푸드의 경우, 소비자와 생산자 간의 거리는 가깝기 때문에 식품을 운송하는 과정에서 발생하는 자동차 매연이 줄어들 수 있습니다.

오답이 오답인 이유

① 동물성이 아닌 제품만 로컬 푸드에 해당된다는 설명은 제시되지 않았습니다.

③ 지역에서는 플라스틱을 생산할 수 없다는 내용은 제시되지 않았습니다.

⑤ 로컬 푸드가 맛과 향이 더 우수하다는 내용은 제시되지 않았습니다.

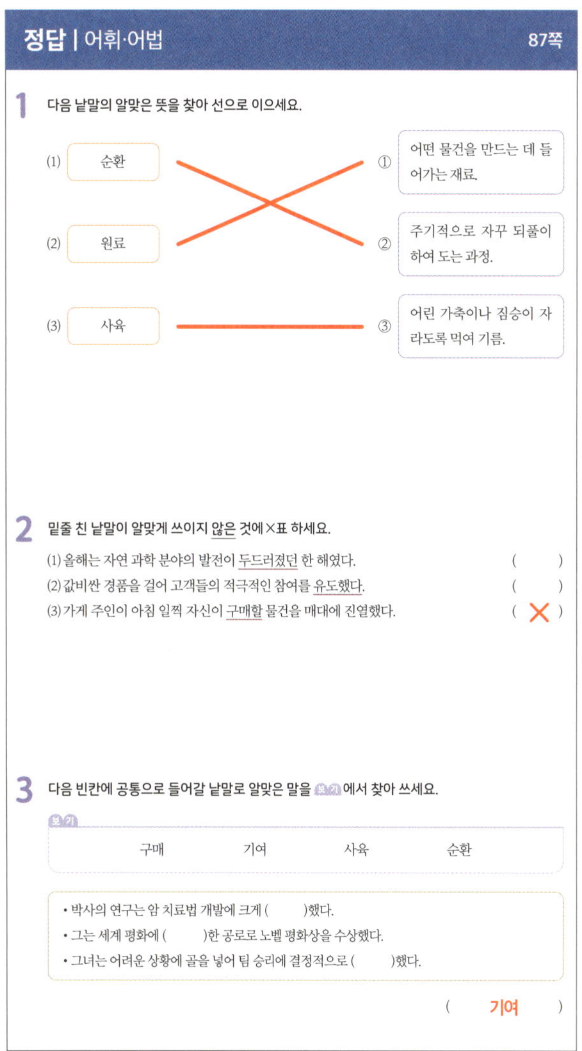

06 구운몽

정답 | 내용 이해 / 유형 실전			88~90쪽
1 해설 참고	**2** ③	**3** ③	**4** ⑤
5 가연	**6** (3) ×		

1

2 소유가 정 사도의 집에 도착하자 정 사도는 자신의 딸 경패와 결혼할 것을 청했습니다. 그리하여 소유는 정 사도의 딸과 혼례를 약속하였으나 북쪽 지방의 반란을 처리하느라 혼례를 치르지는 못하였습니다.

3 정 사도는 장원급제하여 한림학사가 된 소유에게 자신의 딸 경패와 혼인할 것을 청하였습니다. 이는 정 사도가 소유를 믿을 만한 사람으로 여겼기 때문입니다. 황제는 절도사들의 반란 문제로 신하들을 모은 자리에서 소유의 제안을 듣고, 이를 허락하였습니다. 이를 통해 황제 역시 정 사도처럼 소유를 믿을 만한 사람으로 생각하였음을 짐작할 수 있습니다.

4 소유가 정사도의 딸 경패를 마음에 품고 있었다는 내용이나 소유가 말을 꺼내기도 전에 정 사도가 먼저 혼인을 청하여 소유가 기뻐했다는 내용에서 소유가 경패와의 혼인을 청하기 위해 정 사도를 찾아가고 있었음을 알 수 있습니다. 이때 머리에 과거 합격자임을 뜻하는 계수나무 가지를 꽂고 풍악을 울린 것은 정 사도에게 위풍당당한 모습을 보여 주고 싶었기 때문이라고 짐작할 수 있습니다.

5 '소유가 직접 나선다'는 소유가 연나라에 직접 다녀온다는 의미입니다. 따라서 가연이는 ⓘ에 찬성하는 관점을 가진 친구입니다.

희준이는 소유가 연나라에 직접 찾아가는 것은 위험한 일이라고 생각합니다. 수정이는 소유가 연나라에 직접 찾아가는 것은 상황을 악화시킨다고 생각합니다. 따라서 희준이와 수정이는 ⓒ에 반대하는 관점을 드러냈다고 볼 수 있습니다.

6 ⓛ은 '토벌하기'와 같이 무력을 사용한 방법이 아니라 '글'과 같이 평화적인 방법으로 문제를 해결하는 상황입니다. (3)은 무력으로 문제를 해결한 상황이므로 ⓛ에 담긴 상황에 해당되지 않습니다.

(1)과 (2)는 평화적인 방법으로 문제를 해결하는 상황에 해당합니다.

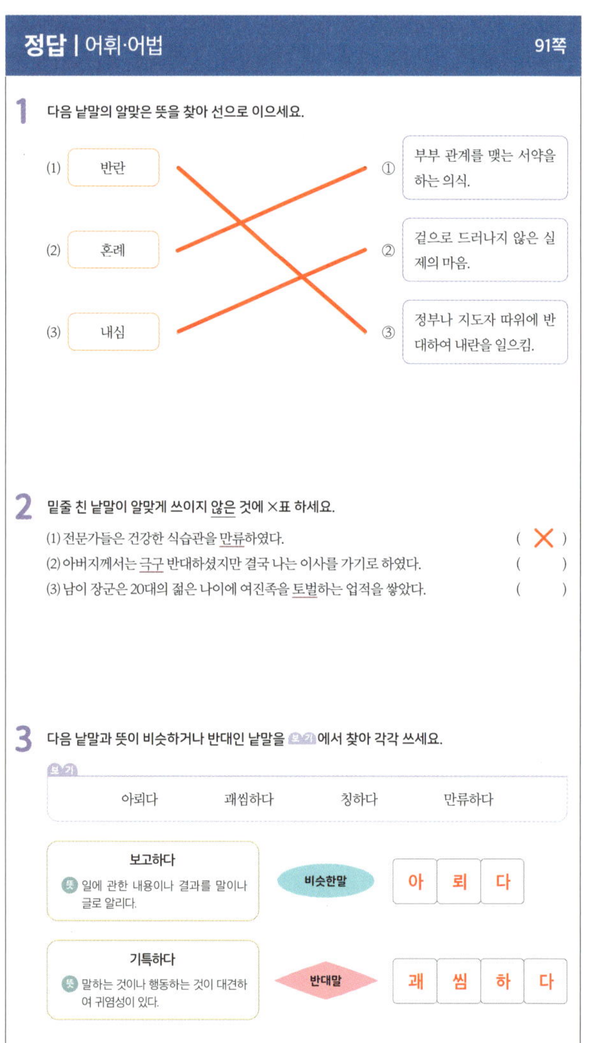

07 빛의 화가, 클로드 모네

1 해설 참고　　**2** ⑤　　**3** ④　　**4** 승주
5 ②　　**6** ③

1

2 모네는 1874년에 동료 화가들과 첫 전시회를 열었고, 「인상, 해돋이」라는 작품을 선보였습니다. 「인상, 해돋이」는 르아브르 항구의 안개 낀 아침 풍경을 담은 그림입니다.

> 오답이 오답인 이유

① 2문단에서 모네는 프랑스 서북부의 항구 도시 르아브르에서 성장했다고 했습니다.
② 4문단에서 모네의 그림은 윤곽이 뚜렷하지 않고 색채가 불분명하다고 했습니다.
③ 1문단에서 모네는 대상을 있는 그대로 똑같이 표현하는 전통 회화 기법을 거부했다고 했습니다.
④ 3문단에서 모네는 자연 속에서 그림을 완성했다고 했습니다.

3 이 글에서 "모네는 순간의 인상을 포착하기 위해 노력했으며, 시간과 계절에 따른 빛의 변화를 주로 탐구하여 「수련」 연작과 「루앙 대성당」 연작 등을 남겼다."라고 하였습니다. 따라서 모네가 주로 선택한 그림의 주제는 ④에 해당됩니다.

4 부댕은 실내(화실)에서 주로 그림을 그리던 당시의 관행을 깨고 밖에 나가서 그림을 그리라고 권했습니다. 이는 자연 속에서 풍경을 직접 관찰하며 그림을 그리는 방법을 알려 주기

위함으로 짐작할 수 있습니다.

5 ⓒ은 '대상에 대하여 마음속에 새겨지는 느낌'의 뜻으로 사용되었습니다. 이와 의미가 비슷한 낱말로 '감명' 또는 '이미지'를 들 수 있습니다.

6 ⓒ은 모네의 전시회 작품에 대하여 혹평을 하였습니다. 따라서 인상주의 작품에 대하여 부정적으로 평가한 지호의 의견이 ⓒ과 같은 관점이라고 볼 수 있습니다.

> 오답이 오답인 이유

기훈, 수아, 예은, 준서는 인상주의가 나타내고자 하는 의도를 이해하며 긍정적으로 평가하고 있습니다.

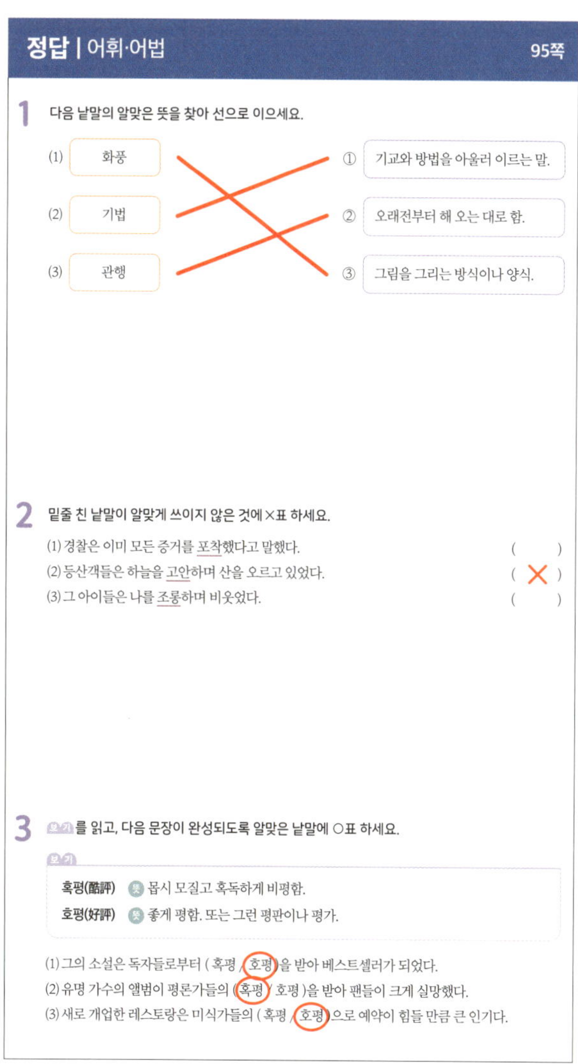

08 패럴림픽 선수들은 어떻게 순위를 겨룰까?

정답 | 내용 이해 / 유형 실전			96~98쪽
1 해설 참고	**2** ④	**3** ①	**4** ③
5 ④	**6** 소희		

1

2 패럴림픽에서는 장애의 정도와 유형에 따라 등급을 배정받습니다. 이 등급 분류는 종목별로 다르며, 주로 선수의 장애가 해당 종목의 핵심 종목에 미치는 영향을 평가합니다. 그리고 알파벳 옆에 붙은 등급의 숫자가 작을수록 장애 정도가 심하다는 뜻을 의미한다고 하였습니다.

3 2문단에서 패럴림픽의 등급 분류 시스템 덕분에 비슷한 신체 기능을 가진 선수들끼리 경쟁할 수 있고, 다양한 장애 정도를 가진 선수들이 한 팀을 이룰 수도 있다고 하였습니다.

4 이 글에서 패럴림픽의 유래는 언급되었지만 패럴림픽의 역사와 발전 과정을 소개한 부분은 제시되지 않았습니다. 장애인 선수들이 겪었던 차별과 관련된 부분도 제시되지 않았습니다.

오답이 오답인 이유

이 글은 패럴림픽의 의미를 알리고, 패럴림픽에서 순위를 겨루는 특별한 방식과 경기의 예를 소개하여 사람들의 관심과 응원을 유도하려는 의도로 쓴 글입니다. 따라서 ①,②,④,⑤는 이 글을 쓴 의도로 볼 수 있습니다.

5 보기 는 기사문입니다. 기사문은 독자에게 정확한 정보를 신속하게 전달합니다. 기사문에서는 기자 개인의 주관적인 의견이나 감정을 배제해야 합니다. 기사문의 정보는 신뢰할 수 있는 출처에서 확인된 사실이어야 하며 육하원칙에 맞게 써야 합니다. 또한 기사문은 독자가 정보를 공정하게 받아들일 수 있도록 중립적인 시각을 유지해야 합니다. 기사문이 논리적인 구조를 갖추어야 하는 까닭은 독자의 이해를 돕기 위함이지 자신의 주장을 뒷받침하기 위해서가 아닙니다.

6 이 글의 마지막 문단에서 패럴림픽의 의미를 선수들이 자신의 한계를 극복하고 최고의 기량을 펼치며 이를 통해 사회의 장애인에 대한 인식 개선에도 기여하는 것으로 설명하고 있습니다. 소희가 보기 의 맷 스테츠먼 선수가 자신의 한계를 극복하기 위해서 최선을 다한 모습이 인상적이라는 반응은 이 글의 관점으로 바라본 반응입니다.

오답이 오답인 이유

보기 에서는 패럴림픽 양궁 선수가 우승한 일을 소재로 다루고 있으므로 보기 와 장애인과 비장애인이 서로 어울려 공정한 경기를 진행했다는 것은 관련이 없습니다.

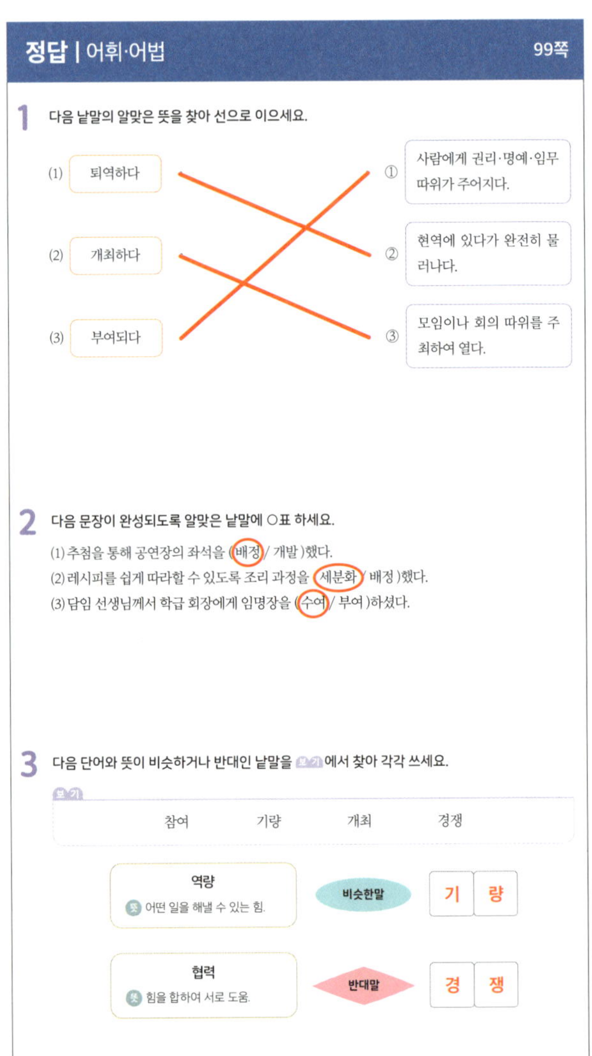

<table>
<tr><td colspan="2">정답 | 내용 이해 / 유형 실전</td><td align="right">100~102쪽</td></tr>
<tr><td>1 해설 참고</td><td>2 ①</td><td>3 ④, ⑤　　4 ⑤</td></tr>
<tr><td>5 (1) ○</td><td>6 ②</td><td></td></tr>
</table>

1

	죽란시사 활동 계획표
모임 구성원	시를 좋아하고 생각이 잘 맞는 열다섯 명. ('나'와 **채홍원** 을 기준으로 네 살 위부터 네 살 아래까지)
모임 일정	1. 정기 모임 　살구꽃이 처음 필 때, 복숭아꽃이 처음 필 때, **참외** 가 익었을 때, 　초가을에 연꽃이 활짝 필 때, 국화꽃이 필 때, **큰 눈** 이 내리는 날, 　화분 속 매화가 필 때. 2. 특별 모임 　아들을 낳았을 때, 벼슬을 받았을 때, 승진했을 때, 　아들이 **과거** 에 합격했을 때 등.
모임 장소	**죽란사** ('나'의 집).
준비 사항	붓, **벼루** , 술과 안주(나이 순으로 돌아가며 담당).

2 시 모임에 "시를 좋아하고 생각이 잘 맞는 열다섯 사람"이 모였다고 하였습니다. 따라서 취미와 생각이 다른 사람들이 시 모임에 모인 것은 이 글의 내용으로 볼 수 없습니다.

　[오답이 오답인 이유]

② '나'와 채홍원은 동갑이라고 했습니다.

④ 특별한 일의 예로 아들이 과거에 합격한 것을 들었습니다.

③ "모임 준비는 나이 어린 사람부터 나이 많은 사람까지 차례대로" 돌아간다고 하였으므로 가장 어린 사람이 맨 처음 모임 준비를 할 것입니다.

3 이 글에서 국화꽃은 연꽃이 피는 서늘한 초가을부터 겨울이 오기 전인 가을에 피는 것으로 짐작할 수 있습니다. 이 글에서 매화꽃은 겨울에 핀다는 것을 알 수 있습니다.

4 인물의 말에서 의도를 파악할 수 있습니다. '나'는 채홍원에게 "우리가 함께하고 싶은 사람들을 만나 시를 짓는 모임을 만들면 어떻겠는가?"라고 하였습니다.

5 보기는 사람들 간에 나이 차이가 많이 나면 생기는 불편함에 대하여 설명하고 있습니다. ㉠은 채홍원이 말한 나이 차이보다 차이가 적게 나는 사람들을 모으자는 내용입니다. 따라서 보기는 ㉠을 뒷받침하는 근거로 타당합니다.

6 보기의 '문암송'은 경상남도 하동군에 있으며 '문암송' 아래에서 시 짓는 모임이 자주 있었다는 내용으로 보아 ②는 알맞지 않습니다.

　[오답이 오답인 이유]

① '나'가 만드는 시 모임의 정기 모임이 열리는 기준은 주로 꽃이 피는 시기입니다. 그리고 보기의 모임은 소나무 아래에서 아름다운 풍경을 보며 열린다고 하였습니다. 그러므로 문인들은 자연과 교감하기를 즐겼다고 짐작할 수 있습니다.

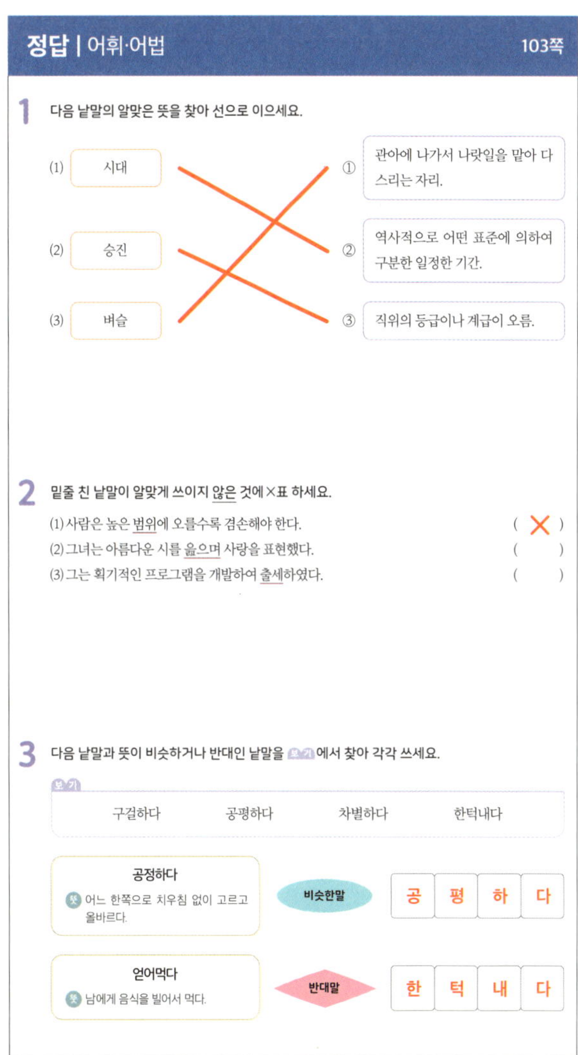

<table>
<tr><td colspan="3">정답 | 어휘·어법</td><td align="right">103쪽</td></tr>
</table>

1 다음 낱말의 알맞은 뜻을 찾아 선으로 이으세요.

(1) 시대 —— ① 관아에 나가서 나랏일을 맡아 다스리는 자리.

(2) 승진 —— ② 역사적으로 어떤 표준에 의하여 구분한 일정한 기간.

(3) 벼슬 —— ③ 직위의 등급이나 계급이 오름.

2 밑줄 친 낱말이 알맞게 쓰이지 <u>않은</u> 것에 ×표 하세요.

(1) 사람은 높은 <u>범위</u>에 오를수록 겸손해야 한다.　(×)

(2) 그녀는 아름다운 시를 <u>읊으</u>며 사랑을 표현했다.　( )

(3) 그는 획기적인 프로그램을 개발하여 <u>출세</u>하였다.　( )

3 다음 낱말과 뜻이 비슷하거나 반대인 낱말을 보기에서 찾아 각각 쓰세요.

보기

구걸하다	공평하다	차별하다	한턱내다

공정하다
어느 한쪽으로 치우침 없이 고르고 올바르다.
비슷한말 → 공 평 하 다

얻어먹다
남에게 음식을 빌어서 먹다.
반대말 → 한 턱 내 다

10 내가 기후 변화 히어로

정답	내용 이해 / 유형 실전		104~106쪽
1 해설 참고	2 ③	3 ⑤	4 ①
5 준영	6 ③		

1

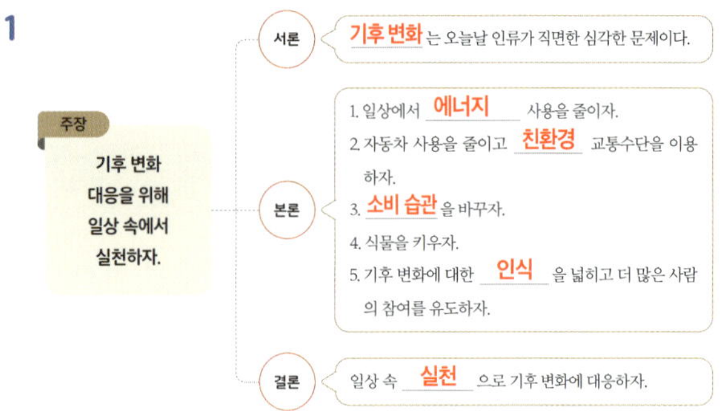

2 1문단에서 빙하가 녹고 해수면이 상승하여 태평양의 섬나라들이 침수되고 있다는 내용이 제시되었습니다.

오답이 오답인 이유

① 1문단에서 "유례없는 홍수와 가뭄으로 지구촌 전역이 몸살을 앓고" 있다고 하였습니다.

3 개인적으로 식물을 키우는 일은 기후 변화에 대한 인식을 넓히는 것과 관계가 없습니다.

4 이 글에서는 "개인의 작은 노력이 모여 큰 변화를 이룰 수 있습니다. 일상 속 실천으로 기후 변화에 대응합시다." 등에서 기후 변화에 대응하기 위한 개인적 실천의 중요성에 대하여 강조하고 있습니다.

오답이 오답인 이유

② 이 글에서는 개인적 실천을 시작해야 정부, 지구촌을 아우르는 더 큰 변화를 이끌어 낼 수 있다고 하였습니다.
③ 이 글에서는 우리에게 부정적인 영향을 미치는 기후 변화에 대응하는 방법을 제시하고 있습니다.

5 이산화 탄소 흡수력이 좋은 식물을 키우겠다는 준영이의 말은 기후 변화 대응의 구체적인 실천 방법으로 알맞습니다.

오답이 오답인 이유

적당한 가격의 상품을 여러 개 사는 것보다는 불필요한 소비를 줄여서 자원 낭비를 최소화하는 것이 기후 변화 대응에 더 알맞은 방법입니다. 또 기후 변화의 심각성을 알릴 때는 실제보다 과장하지 말고 지금의 상황을 있는 그대로 이야기해야 합니다.

6 보기의 편지 가운데 "기후 변화 문제는 개인의 실천에 맡기기보다 정부나 국제기구가 적극적으로 나서야 해결될 수 있다고 생각"한다는 부분에서 준호는 '기후 변화 대응을 위한 국가·국제적 차원의 노력'을 중요하게 생각하고 있음을 알 수 있습니다. ③은 개인적 차원의 실천 방법이므로 다른 관점이라고 볼 수 있습니다.

오답이 오답인 이유

①, ②, ④, ⑤는 국가 차원에서 노력해야 할 일입니다.

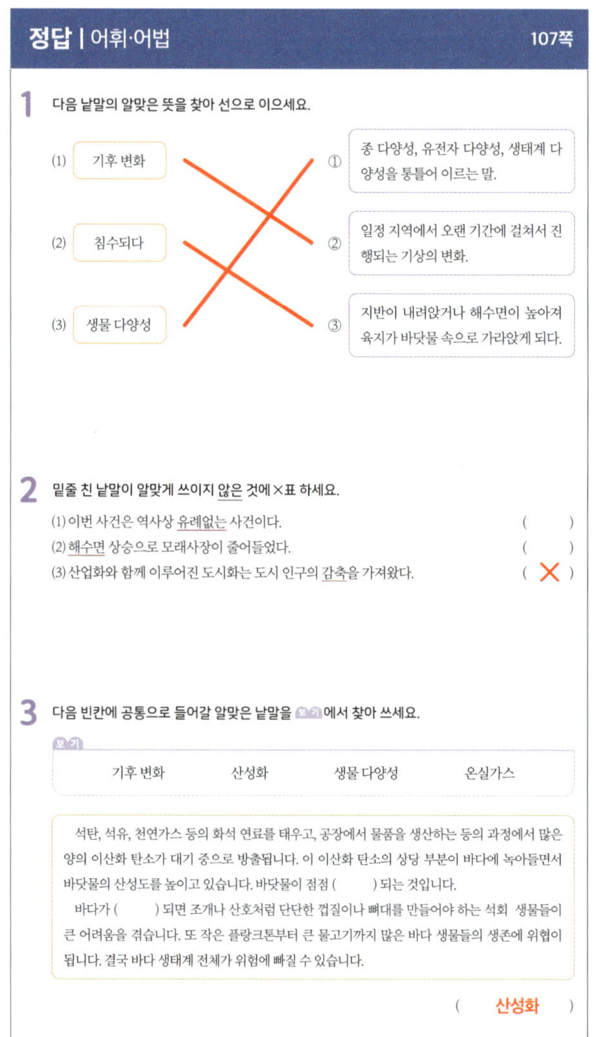

정답	어휘·어법	107쪽

1 다음 낱말의 알맞은 뜻을 찾아 선으로 이으세요.

(1) 기후 변화 — ① 종 다양성, 유전자 다양성, 생태계 다양성을 통틀어 이르는 말.
(2) 침수되다 — ② 일정 지역에서 오랜 기간에 걸쳐서 진행되는 기상의 변화.
(3) 생물 다양성 — ③ 지반이 내려앉거나 해수면이 높아져 육지가 바닷물 속으로 가라앉게 되다.

2 밑줄 친 낱말이 알맞게 쓰이지 않은 것에 ×표 하세요.

(1) 이번 사건은 역사상 유례없는 사건이다. ( )
(2) 해수면 상승으로 모래사장이 줄어들었다. ( )
(3) 산업화와 함께 이루어진 도시화는 도시 인구의 감축을 가져왔다. (×)

3 다음 빈칸에 공통으로 들어갈 알맞은 낱말을 보기에서 찾아 쓰세요.

보기: 기후 변화   산성화   생물 다양성   온실가스

석탄, 석유, 천연가스 등의 화석 연료를 태우고, 공장에서 물품을 생산하는 등의 과정에서 많은 양의 이산화 탄소가 대기 중으로 방출됩니다. 이 이산화 탄소의 상당 부분이 바다에 녹아들면서 바닷물의 산성도를 높이고 있습니다. 바닷물이 점점 (   ) 되는 것입니다.
바다가 (   ) 되면 조개나 산호처럼 단단한 껍질이나 뼈대를 만들어야 하는 석회 생물들이 큰 어려움을 겪습니다. 또 작은 플랑크톤부터 큰 물고기까지 많은 바다 생물들의 생존에 위협이 됩니다. 결국 바다 생태계 전체가 위험에 빠질 수 있습니다.

(산성화)

11 디지털 시대의 독서

1

2 이 글에서 전자책은 휴대성이 뛰어나다고 하였습니다. 그러므로 디지털 기기를 무겁게 들고 다녀야 한다는 단점이 있다는 내용은 이 글의 내용으로 알맞지 않습니다.

3 2문단에서 독서의 중요성이 강조되어야 하는 까닭은 독서는 단순한 정보 습득을 넘어 인간의 사고 능력과 감정 발달에 핵심적인 역할을 하기 때문이라고 하였습니다.

[오답이 오답인 이유]

① 1문단의 "짧은 콘텐츠와 빠른 정보 습득에 익숙해지면서 책은 점점 설 자리를 잃어 가고 있습니다."에서 독서가 빠른 정보 습득에 가장 효과적인 수단이 아니라는 점을 짐작할 수 있습니다.

4 글쓴이는 디지털 시대에도 독서의 중요성은 강조되어야 한다고 주장했습니다. 또 디지털 환경에 적합한 독서 수단들을 긍정적으로 바라보고 있습니다. 그런데 ②는 전자책보다 종이책을 긍정적으로 바라보는 관점이므로 글쓴이와 상반된 관점이라고 볼 수 있습니다.

[오답이 오답인 이유]

⑤ 글쓴이는 디지털 환경에서의 독서 수단들을 긍정적으로 바라보고 독서의 중요성을 강조하고 있습니다. 이는 다양한 형태의 책을 읽고 즐거움과 배움을 얻는 것이 중요하다는 의견과 비슷한 관점이라 볼 수 있습니다.

5 보기 는 편지입니다. 이 글을 편지의 갈래로 바꿀 때에는 편지의 목적이나 형식에 맞게 고쳐 써야 합니다. 여기서는 자신

의 경험을 통해 전자책의 장점을 드러내고 있으므로 ④번은 옳지 않습니다.

[오답이 오답인 이유]

① 편지를 읽는 사람은 지윤이입니다.
② 편지에는 첫인사와 끝인사가 들어갑니다.
③ 편지는 개인적인 소통을 목적으로 한 글입니다.
⑤ 지윤이와의 친근한 관계를 고려하여 편지에서 반말을 드러내고 있습니다.

6 이 글에는 "㉠ '독사는 마음의 양식'이라는 말처럼, 독서는 우리 삶을 풍요롭게 한다"고 하였습니다. 따라서 ㉠을 '풍요롭게 한다'와 관련 지어 생각하면 제희의 말이 가장 알맞다고 볼 수 있습니다. 여기서 '양식(糧食)'은 '사는 데 필요한 먹거리', '지식이나 물질, 사상 등의 원천이 되는 것'을 뜻합니다.

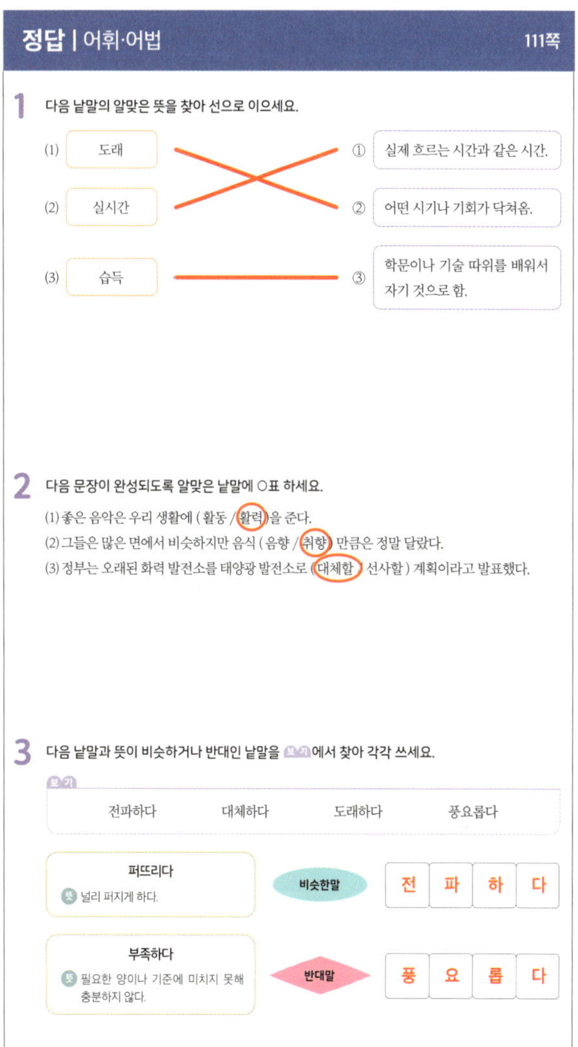

12 사투리 기 펴는 날

정답 | 내용 이해 / 유형 실전			112~114쪽
1 해설 참고	**2** ①	**3** ③	**4** ②
5 지훈	**6** ⑤		

1

2 이 시의 2연에 쓰인 "사투리 배우지 말라고 / 내 앞에서 / 표준말을 쓰시지만"으로 미루어 볼 때 부모님이 내 앞에서 표준말을 사용하시는 까닭은 '나'가 사투리 대신 표준말을 배우길 바라기 때문임을 알 수 있습니다.

3 이 시에서 부모님이 사투리를 쓰실 때 말하는 이인 '나'가 두려움을 느낀다는 내용은 찾아볼 수 없습니다.

[오답이 오답인 이유]

① '~는 경상도'와 같이 비슷한 표현을 반복함으로써 운율을 형성하고 있습니다.

② 5연의 사투리가 '목에 딱 붙어 있다'는 표현과 6연의 '사투리가 / 기를 펴는 날' 등에서 어린이 특유의 순수하고 솔직한 시선이 드러납니다.

⑤ '사투리'가 숨어 있다거나 기를 편다는 표현 등에서 생명이 없는 것을 생명이 있는 것처럼 비유적으로 표현하는 활유법이 사용되었음을 알 수 있습니다.

4 이 시에서 '목'은 사투리가 숨어 있는 곳을 의미합니다. '목'과 강한 인내심은 관련이 없습니다.

5 ㉠은 평소에 표준말을 쓰다가도 감정이 격해지면 사투리가 저절로 나오는 경우를 재미있게 나타낸 표현입니다. 따라서 지훈이가 ㉠의 표현 의도를 바르게 짐작하였습니다.

[오답이 오답인 이유]

시에서는 엄마와 아빠가 평소에 표준말을 쓰다가 화가 나면 사투리를 쓰는 모습이 드러나지만 이와 표준어를 잊어버리는 것은 관련이 없습니다.

6 '기를 펴다'는 '억눌림이나 어려운 지경에서 벗어나 마음을 자유롭게 가지다.'를 뜻합니다. 이와 비슷한 뜻은 '의기가 소침하지 않고 기세가 오르다.'의 뜻을 지닌 '기가 살다' 입니다.

[오답이 오답인 이유]

② 기를 쓰다: 있는 힘을 다하다.

③ 기가 차다: 하도 어이가 없어 말이 나오지 않다.

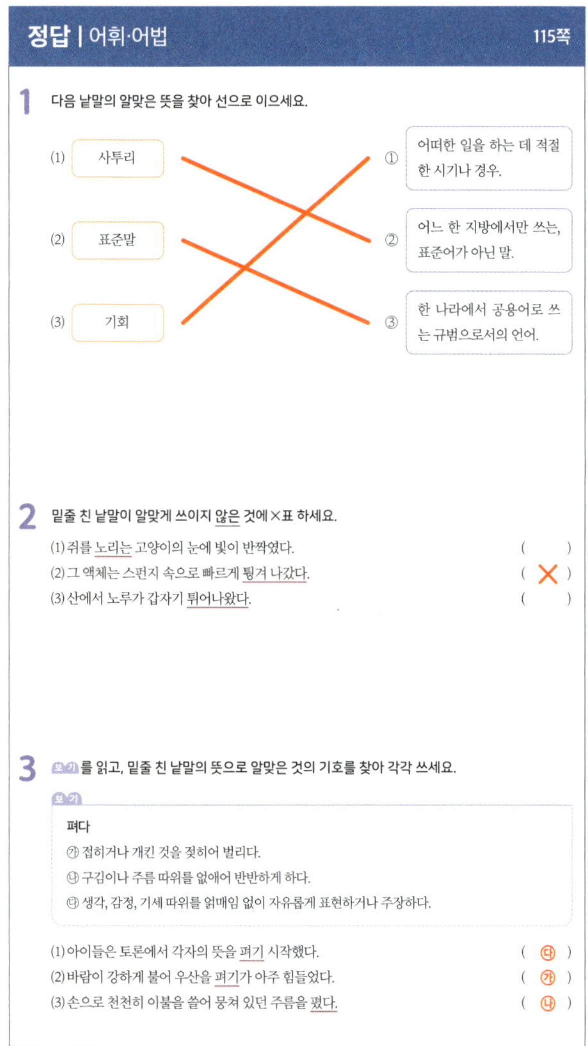

정답 | 어휘·어법	115쪽

1 다음 낱말의 알맞은 뜻을 찾아 선으로 이으세요.

(1) 사투리
(2) 표준말
(3) 기회

① 어떠한 일을 하는 데 적절한 시기나 경우.
② 어느 한 지방에서만 쓰는, 표준어가 아닌 말.
③ 한 나라에서 공용어로 쓰는 규범으로서의 언어.

2 밑줄 친 낱말이 알맞게 쓰이지 않은 것에 ×표 하세요.

(1) 쥐를 노리는 고양이의 눈에 빛이 반짝였다. (   )
(2) 그 액체는 스펀지 속으로 빠르게 튕겨 나갔다. (×)
(3) 산에서 노루가 갑자기 뛰어나왔다. (   )

3 보기 를 읽고, 밑줄 친 낱말의 뜻으로 알맞은 것의 기호를 찾아 각각 쓰세요.

보기

펴다
㉮ 접히거나 개킨 것을 젖히어 벌리다.
㉯ 구김이나 주름 따위를 없애어 반반하게 하다.
㉰ 생각, 감정, 기세 따위를 얽매임 없이 자유롭게 표현하거나 주장하다.

(1) 아이들은 토론에서 각자의 뜻을 펴기 시작했다. (㉰)
(2) 바람이 강하게 불어 우산을 펴기가 아주 힘들었다. (㉮)
(3) 손으로 천천히 이불을 쓸어 뭉쳐 있던 주름을 폈다. (㉯)

MEMO

MEMO

 잘 키운 문해력, 초등 전 과목 책임진다!

메가스터디
초등 문해력 시리즈

학습 대상 : 초등 2~6학년

초등 문해력 **어휘 활용의 힘**	초등 문해력 **한 문장 정리의 힘**	초등 문해력 **한 문장 정리의 힘**
어휘편 1~4권	**기본편** 1~4권	**실전편** 1~4권

메가스터디 BOOKS